インテリアの基本がわかる

小さなスペースで楽しむ模様替え

ビジュアルコンサルタント
能登屋英里

プロが教える
セオリー＆アイデア

THEORY & IDEA

SE
SHOEISHA

プロが教える
セオリー＆アイデア

さまざまなモノやコト。
SNSなどで見かけたモノ、ふとお店で見て気に入ったモノを
手軽に取り入れるのもよいですが、
基本やノウハウを知っていると、もっと生活が楽しくなります。

がんばりすぎず、気取りすぎず、
でも毎日を素敵に、心地よく暮らしたい。
そんな人に向けた本が「プロが教えるセオリー&アイデア」シリーズです。

そのジャンルのプロが経験から培ったセオリーと
暮らしの中できちんと実践するためのアイデアを
美しい写真とわかりやすい解説で、惜しみなく紹介します。

はじめに

ビジュアルコンサルタントの能登屋《のとや》 英里《えいり》です。私は築50年52㎡の狭小マンションを自分のデザインでフルリノベーションし、夫と小学生の娘と3人で暮らしています。もともとはアパレルで店舗ディスプレーの仕事に15年間就いていました。ディスプレーの仕事をしながら整理収納アドバイザーの資格を取得し、出産育休復帰してから2年後にフリーランスに転身。現在はインテリアと整理収納について個人宅や企業向けのアドバイスをしたり、インスタグラム（@eiriyyy_interior）で発信活動をしています。

この家に引っ越してから、娘が生まれモノが増えたり、夫婦ともに会社員からフリーランスになったり、コロナ禍で在宅ワークが主流になったりと、9年間で生活スタイルは激変。入居当時は想像もしていなかった、暮らしや働き方の変化があっても、この小さな家で快適に過ごせたのは、「模様替え」を繰り返していたおかげだと感じています。

小さい頃から模様替えが大好きでよく家具を動かしたり壁に何か飾ったりしていた私は、店舗ディスプレーの仕事に就き、モノや什器レイアウトを変えることが日常となりました。そんな習慣は家でも発揮され、暮らしにくいな、飽きたなというタイミングで模様替えをする日々。夫や娘に「こんな感じにしたいんだよね」と提案をして、一緒に棚に飾っているモノを変えてみたり、家具の配置を変えたりと家族も巻き込んで楽しんでいます。

我が家に遊びに来るゲストから、「来るたびに家が進化してるね」と言ってもらう機会が多くなり、私の模様替え術を知ってもらいたいとSNSで発信をするようにもなりました。これまでも食器棚を動かしたり、カーテンの色を変えたり、照明を変える様子を動画にした投稿は、たくさんの方に反応をいただいております。

ちょっとしたアイデアやコツで家での暮らしがもっともっと楽しくなることを、多くの方に知ってもらいたいという気持ちを込めて、この本をつくりました。誰でも簡単に真似できる初心者向けのアイデアから、上級向けのテクニックまで紹介していますので、ぜひ小さなスペースからはじめる模様替えを楽しんでもらえると嬉しいです。カフェに行かなくても家でお茶やお菓子を楽しめる雰囲気をつくったり、家族やゲストが心地よく過ごせる空間を模様替えで叶えませんか。

家があなたにとって大好きな空間になることを願って。

能登屋 英里

TOSHIBA

CONTENTS

もくじ

03

ワンアイテムプラスで模様替えする

04

模様替え ―― 実践 ――

この本の使い方

この本では、部屋の模様替えに気軽に取りくんでもらえるようなセオリーやアイデアの実例を紹介しています。PART01~03では買い足しをせずに持っているモノで気軽に模様替えする方法から、印象をガラリと変える大掛かりな模様替えの方法、付け足すならコレというアイテムを知ることができます。

順番に読み進めることで部屋が垢抜けていく様子を感じてもらえるように構成しました。PART04では、PART01~03で紹介した25のセオリーを使って、我が家ではないお宅に訪問して、模様替えを行った事例を紹介しています。

PART 01 - 03

能登屋宅で実際に行った模様替えの様子を25のセオリーに分け、3つのステップで紹介しています。各セオリーのはじめのページに、そのセオリーについて写真と文章で、具体的な模様替えアイデアを解説しています。

PART 04

賃貸ワンルーム、賃貸2人暮らし、分譲ファミリーマンションなど3軒のお宅にて模様替えを行った様子をレポート。「今あるモノでの模様替え」から、セオリーで紹介しているワンアイテムを足したり、賃貸でできるDIYテクニックを紹介しています。

本書内容に関するお問い合わせについて

このたびは翔泳社の書籍をお買い上げいただき、誠にありがとうございます。弊社では、読者の皆様からのお問い合わせに適切に対応させていただくため、以下のガイドラインへのご協力をお願い致しております。下記項目をお読みいただき、手順に従ってお問い合わせください。

●ご質問される前に

弊社Webサイトの「正誤表」をご参照ください。これまでに判明した正誤や追加情報を掲載しています。

正誤表　https://www.shoeisha.co.jp/book/errata/

●ご質問方法

弊社Webサイトの「書籍に関するお問い合わせ」をご利用ください。

書籍に関するお問い合わせ　**https://www.shoeisha.co.jp/book/qa/**

インターネットをご利用でない場合は、FAXまたは郵便にて、下記"翔泳社 愛読者サービスセンター"までお問い合わせください。

電話でのご質問は、お受けしておりません。

●回答について

回答は、ご質問いただいた手段によってご返事申し上げます。ご質問の内容によっては、回答に数日ないしはそれ以上の期間を要する場合があります。

●ご質問に際してのご注意

本書の対象を超えるもの、記述個所を特定されないもの、また読者固有の環境に起因するご質問等にはお答えできませんので、予めご了承ください。

●郵便物送付先およびFAX番号

送付先住所　〒160-0006　東京都新宿区舟町5

FAX番号　03-5362-3818

宛先　（株）翔泳社 愛読者サービスセンター

※本書の出版にあたっては正確な記述につとめましたが、著者や出版社などのいずれも、本書の内容に対してなんらかの保証をするものではなく、内容やサンプルに基づくいかなる運用結果に関してもいっさいの責任を負いません。

〈インテリアの基本〉

インテリアがキマらないのは、「なんとなく」が原因

そもそもインテリアがキマらないのは、なぜでしょう。実は「なんとなく」が原因のことが多いのです。部屋にあるモノ全てについて、持っている理由や置いている場所の理由について考えてみてください。

・どうして、このテーブルを選んだの?
・どうしてこのカラーや柄を選んだの?
・どうしてこれをここに置いているの?

これらの理由が明確になれば、部屋の中で主役になるモノや見せたいモノが明確になっていき、空間がまとまりはじめます。

このページでは部屋づくりをする上で、インテリアの基本となる要素(スペース・アイテム・カラー)についてご説明します。それぞれの詳細についてはは記載しているセオリーのページへ進んでもらうと具体的な方法を知ることができます。

スペース

生活動線と視線を考える

インテリアにおけるスペースの使い方は大事。どれだけ素敵に見えても使い勝手が悪いのは現実的でなかったり、使い勝手を重視しすぎて見た目が悪いのもテンションが上がりません。生活する上での動線と、人が無意識に視線を向ける場所を理解して、バランスのいいスペースづくりをしましょう。

例えば、その部屋・その場所で何を行うのかを考え、料理や食事を楽しむスペース、リラックスして読書をするスペースなど、スペースに役目が決まれば置く家具や収納場所が自然と決まり、使いやすさも叶います。

見るべきモノを明確にする

部屋に入って一番に目が留まる場所をフォーカルポイント(見せ場)と言い、その場所に見せたいモノを持って行き、逆に見せたくないモノ(エアコン、コード、コンセント、細々したアイテム)は死角で見えにくい場所に置くことで、スッキリした印象をつくることができます。

THEORY 005(46〜49ページへ)
THEORY 009(64〜69ページへ)
THEORY 021(126〜127ページへ)

アイテム

自分の「好き」を見つける

部屋に取り入れるアイテムで個性や自分らしさを表現することができます。

誰かを真似して集めたアイテムをただなんとなく並べるのはとてももったいないなと感じます。すでに持っているモノの共通点や自分や家族の好みを徹底的に探って、アイテム選びをすると、例えテイストが違うモノを置いたとしてもバランスがよくなることもあります。

自分や家族にとって心地よく暮らすために必要なアイテムは「好き」を軸に集めてみましょう。

お気に入りを大切に

ずっと持っているお気に入りのアイテムはなんですか？ 好きな理由は？ 客観的に考えることで自分らしさが見つかります。私は子どもの頃から愛用していた赤い引き出しがお気に入り。今は娘が使っています。

THEORY 001（22～23ページへ）

THEORY 014（90～93ページへ）

THEORY 018（108～109ページへ）

カラー

色の上手な取り入れ方

インテリアをつくる上で重要な役割を果たし、部屋のまとまりを出すために欠かせない「カラー」。ルールを知れば、少し勇気のいる色の取り入れもハードルが下がります。カラーには、部屋の明るさ、広がり感を調整するだけでなく、心理的に与える影響もあり、暖色系は温かみや楽しい雰囲気に、寒色系は涼しさや落ち着いた雰囲気にしてくれます。カラーを選ぶ際は、部屋の目的や雰囲気、個人の好みを考慮するとより自分らしい空間に仕上がります。小さな場所のアクセントカラーから取り入れてみましょう。

カラー配分について

今住んでいる部屋の壁、床、家具などで使われている（印象付けている）カラーを理解して、それをベースに自分らしいアクセントカラーを選ぶことでより居心地のいい部屋をつくることができます。

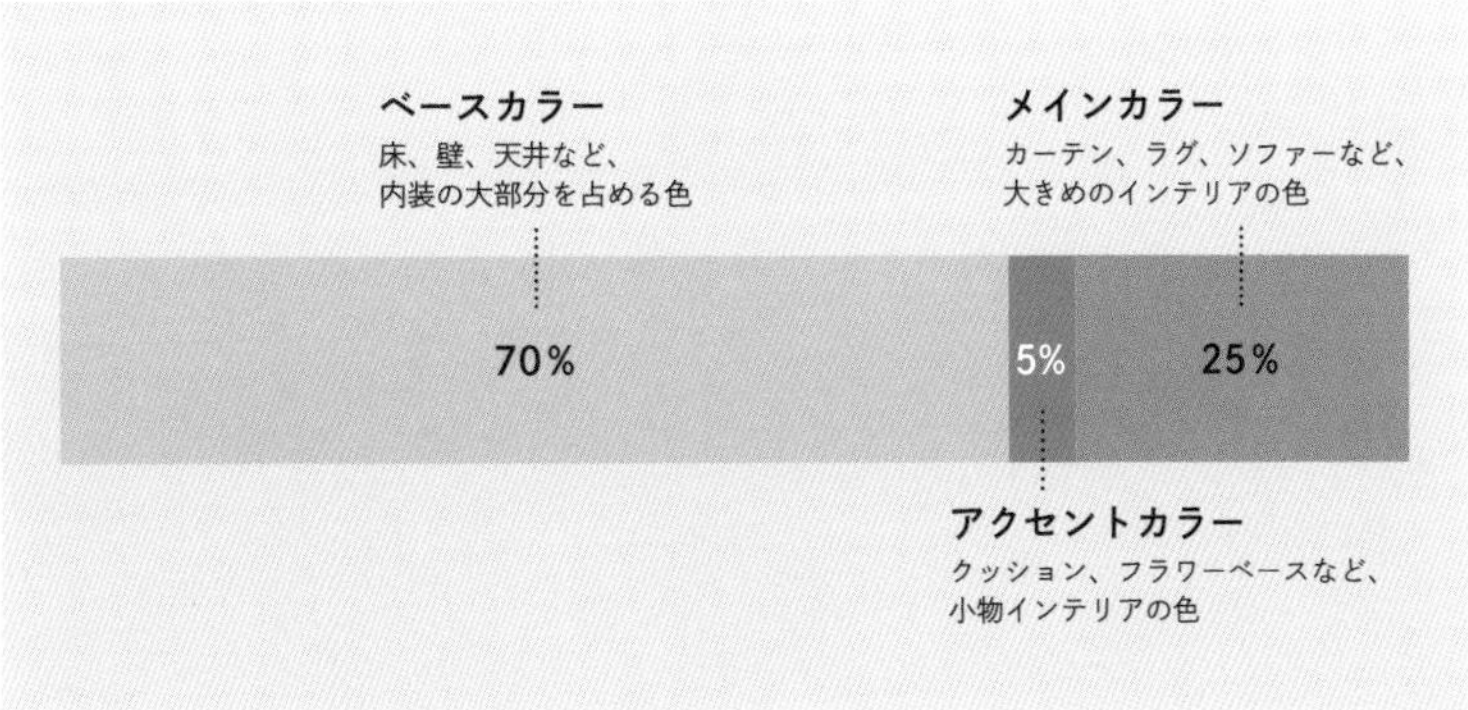

THEORY 015（94～97ページへ）

THEORY 023（132～135ページへ）

THEORY 025（142～143ページへ）

PART

01

今あるモノで模様替え

新しく家具やインテリアを買い足さなくても、
すでに持っているモノで
模様替えは十分楽しむことができます。
家具のレイアウトやインテリアの見せ方の
ポイントを意識するだけで、
部屋が見違えるようにアップデートされます。

自分の「好き」を知る

「好き」がわかると、統一感が生まれる

模様替えをはじめる前に、インテリアを考える上で大事になってくるのが、自分の「好き」を知ること。なんとなく選んだモノ、ずっと持っているモノ、誰かの真似して買ったモノ、それらは本当に自分にとっての「好き」なモノですか（〈インテリアの基本〉は18〜19ページへ）？

そんな「好き」を探すための手段として、雑誌を読んだりインテリアショップを巡ったりするのも楽しいですが、手軽に活用できるのはSNS。実際に住んでいる家のリアルな実例を気軽に知ることができます。私がおすすめするSNSは、インスタグラムやピンタレスト。インスタグラムはハッシュタグ検索、キーワード検索、発見欄から写真や動画の検索が可能。ピンタレストは写真の情報収集ツールで、便利なのは誰かがまとめた情報を自分のブックマークに入れられること。闇雲に探すのではなく、センスのいい誰かが集めた、統一感のある写真から自分の好きを集めることができるのです。いいなと思った写真を一覧で見ると共通点が発見でき、自分の好きなテイストやカラー、アイテムを見つけられるはず。

ELEMENTS

〈自分の「好き」を知るためのステップ〉

STEP 1

集める

まずは自分がいいなと思ったり、ピンときたインテリアの写真を片っ端から集めてみましょう。集め方は22ページで紹介したピンタレストやインスタグラムを使ってみてください。インテリアのテイストが違っても、この時点では問題ありません。とにかくたくさん集めることが大事です。現実的でなくても大丈夫。手が届かない憧れの家具の写真もどんどん保存していきます。最低でも100枚は集めてみましょう。

STEP 2

分ける

次のステップでは、集めた写真を分ける作業を行います。部屋の場所別に分けるとわかりやすいのでおすすめです。集めた写真をそれぞれフォルダ分けをすることで、共通して使われている色やアイテムなどが見えてきます。それがあなたの「好き」なモノなのです。

〈分類例〉

- 玄関
- リビング
- キッチン
- ベッドルーム
- ダイニング
- 子ども部屋

STEP 3

分析する

部屋別などに分けた写真をじっくり見つめて分析をしていきます。必ずそこには共通点があるはずです。共通した色・柄が見えてきたり、似たような家具を置いている部屋を集めていたりします。インテリアだけでなく収納は出しっぱなしがいいのか、隠してスッキリしているのがいいのかなど。分析していくことであなたの「好き」を見つけることができるのです。とことん分析して言語化をしていくことで失敗しないインテリアが叶います。

STEP 4

実践する

自分の「好き」が見つかれば、実際に部屋づくりがスタートします。年齢や家族構成によっても「好き」は変化しても問題なし。とにかくやってみるのが大事。テイストが混じっていてもオッケー。それがあなたのインテリアの軸となり、オリジナリティになります。飽きても模様替えをして新鮮さを出していくこともできます。

ルームヒストリー

迷走期

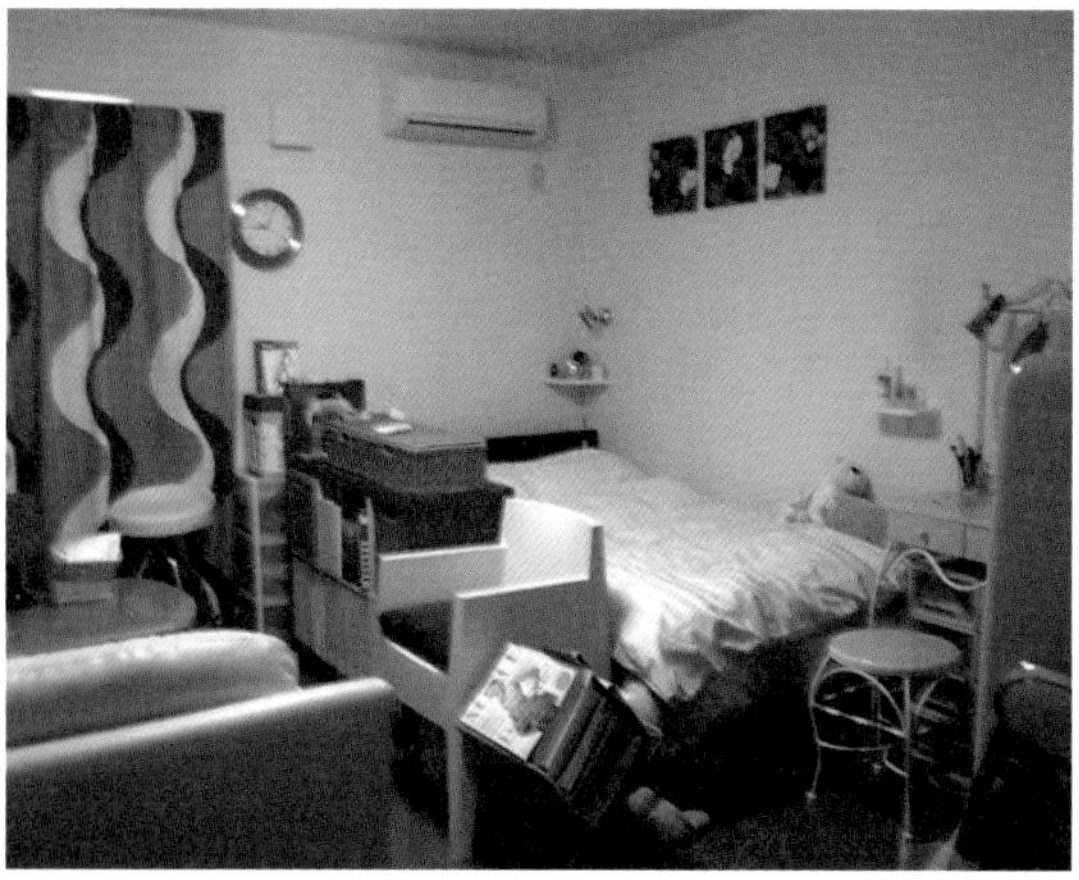

22ページで紹介したような便利なSNSもない20代の1人暮らし時代、かなりインテリア迷子だった私。「好き」が多すぎたり、その瞬間の「好き」だけを優先した結果、まとまりのないインテリアに。北欧柄のカーテン、フレンチっぽい白レザーのソファー、濃いブラウンのベッドにシャビーシックな猫足ドレッサーなど、テイストも色もバラバラ。当時も模様替えは好きで家具を動かしまくっていましたが、どこかしっくりこない迷走期に突入。

フィンランドとの出会い

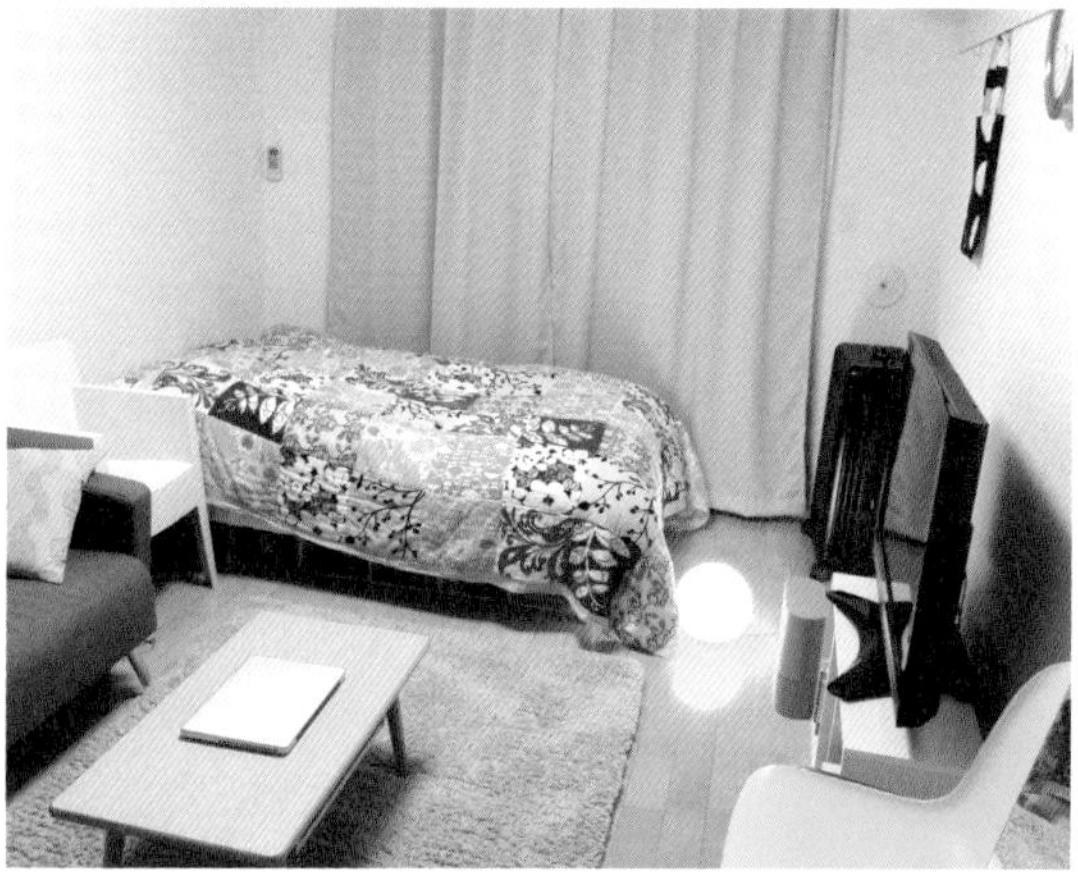

20代後半、ニューヨークへの留学を機に迷走期の家具をほぼ一掃。ニューヨークのモダンで洗練されたインテリア、その後ワーキングホリデーで滞在したパリのフレンチテイストにも心惹かれました。帰国後どんな家に住もうかと考えていた頃、ヴァケーションで旅したフィンランドで、北欧インテリアにひと目惚れ。今まで迷っていた「好き」の軸が見つかった瞬間です。帰国後の1人暮らしでは、その北欧テイストを軸にインテリアを構成しはじめました。

結婚期

結婚後しばらくは賃貸住宅で、引き続きシンプルで明るめの北欧テイストが中心のインテリアでまとめていました。白壁とナチュラルカラーの床に合うIKEAのダイニングセット、カーテンのブルーや北欧柄のファブリックボードやカゴなどがアクセントに。気に入ってはいたけれど、現在愛用している北欧ヴィンテージのダイニングセット購入をきっかけに、住みたい家のインテリアのイメージがどんどん膨らみ、住み替えを検討しはじめます。

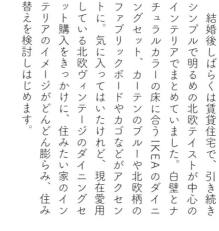

リノベーション直後

52㎡という狭小の中古マンションを購入してフルリノベーション。賃貸時代に購入した北欧ヴィンテージのダイニングセットを軸に内装をデザインしました。赤茶色の無垢床に、コンクリート剥き出しの天井と壁はグレーをチョイス。アクセントカラーはブラック。北欧テイストは残しつつも、思い出のニューヨークを彷彿させるテイストを盛り込んで。デザインを考えるときは自分の「好き」な写真を集めて、ひとつひとつのディテールを決定していきました。

娘の幼少期

リノベーション1年後に娘を出産。1人家族が増えるだけでモノが増えるということを目の当たりにしました。家具は増えましたが、子ども用の家具は選ばずに長く使えるベーシックかつ移動がしやすいモノを選んだおかげで、赤ちゃん期から幼稚園、小学校に上がる過程まで愛用。その中で何度も模様替えをしながら、暮らしやすさを追求していきました。途中コロナ禍を経験し、狭いながらもワークスペースを確保したり、植物が増えていきました。

現在

リノベーションして10年目。狭小でも飽きることなくいられたのは模様替えのおかげで同じ家具を使いながらも、子どもの成長に合わせて家具のレイアウトを変えることを楽しんできました。歳を重ねるごとに自分の「好き」もさらにはっきりとしてきて、インテリアの買い物でミスをすることもほとんどなくなりました。そして、我が家は「〇〇テイスト」と表現できないほどに、オリジナルのテイストに成長してきたのではないかと感じています。

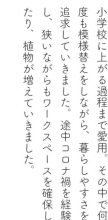

THEORY
002

住んでいる家と向き合う

客観的に部屋を見るクセを付けると違和感が見つかる

「好き」が見つかったら次なるステップは、住んでいる家を眺めて眺めて、眺めまくって違和感がないか？　あるならどこなのか？　と見つめることが大事。私もひたすら部屋を見回したり、スマホで撮影してみて違和感を探します。理想のインテリアと違う部分はどこなのだろうか、足りないモノは？　例えばあの家具をこっちに動かしてみたらどうなるかな？　と家でくつろぎながら考える時間を楽しんでいます。一度家具の配置を決めたら終わりではなく、客観的に見たり理想と現実を見比べるクセを付けておくと、模様替え熱が高まります。

手軽にはじめられるのは小さなスペースでの模様替えです。小さな棚の上の飾りや入れているモノの中身を入れ替えてみるだけでも雰囲気は変わります。そのとき気にしたいのがマクロ視点（全体の視点）とミクロ視点（詳細の視点）。全体的な統一感が出ない原因は、小さなかたまり（ミクロ視点）の時点でバランスが悪いことが多く、寄りで見たり、引いて見たりと両方の視点でのバランス感覚が必要となります。

Banksy
Wall and Piece

写真を撮る、観察する

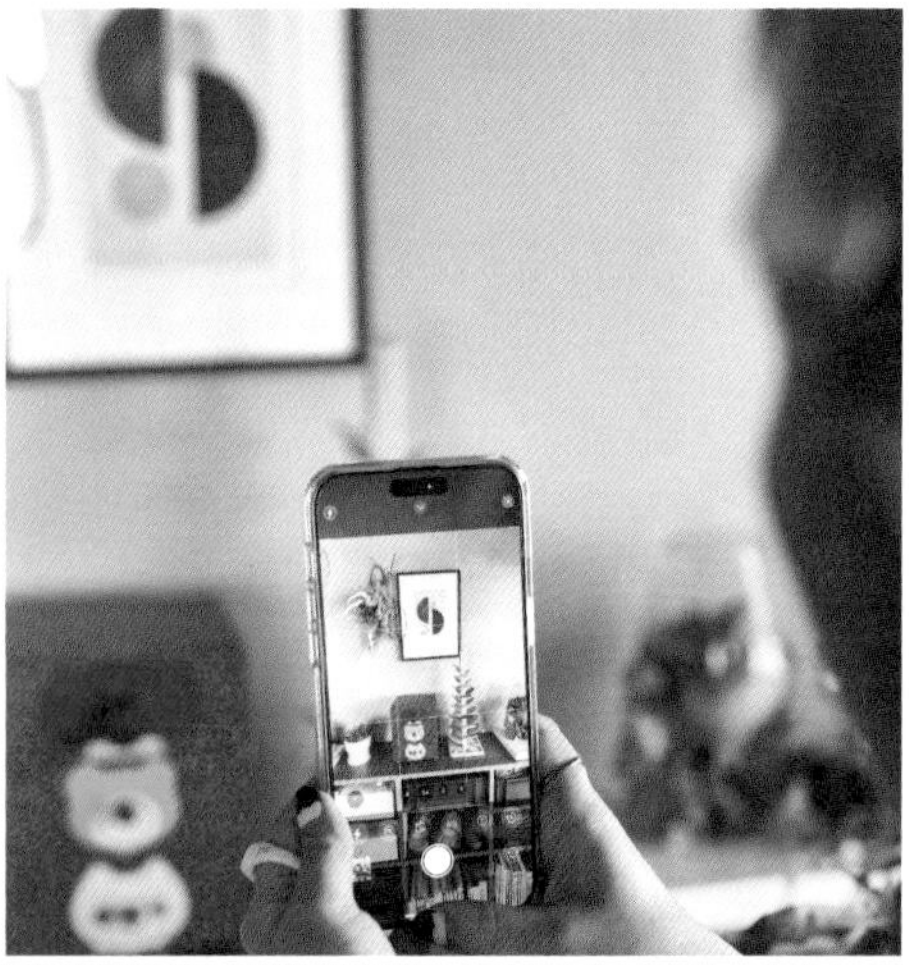

部屋を客観視することで見えることがある

模様替えをしてみたいけど、どこからすべき？ どこを変えるべき？ と悩んだら、とにかく部屋の写真を撮ってみることをおすすめします。スマートフォンでサクッと撮影でオッケー。画面で見ることで客観視することができ、日常の風景になってしまっていた部屋の小さな違和感に気付くことができます。

雑貨を置くバランスや、普段使いの生活雑貨の配置を変えてみるきっかけにもなります。撮った写真をSNSに投稿してみるのもひとつ。私は10年近くインスタグラムで発信をしていますが、フォロワーさんからのいいねやコメントをもらうことで部屋を客観視できることもとても多く、モチベーションにもつながっています。

小さなスペースのビフォーアフター

同じ場所、同じアイテムを使って模様替え

まず、模様替えの初めのステップとして、小さなスペースを使って模様替えにチャレンジしてみませんか。

大掛かりな家具の大移動はなかなかハードルが高いですが、小さめの棚などは気軽に変更できるので、私自身も気分転換によく変えています。

棚の上はディスプレースペースとしても使えるので、そこを変えるだけでも季節を感じられたり、印象や気分が変わったりするものです。32〜33ページでは同じ場所、同じ収納棚を使っての使用例をご紹介します。同じ棚と思えないくらい雰囲気が変わって見えるはず。逆に言うと、こうした使い勝手のいい家具がひとつあるだけで、模様替えの楽しみが増えるということです。

ダイニングで愛用している無印良品のスタッキングシェルフ・ワイド・2段・ウォールナット材。細かい区切りのあるタイプでないため、幅広いスペースにモノを置けるので使い道の幅が広がります。コンパクトながら大容量。

ガッツリ本棚としての使用例。本は高いモノから低いモノに並べることでスッキリした印象に。背表紙の色味もグラデーションになると見映えがいい。棚の上はお気に入りの雑貨を飾って軽い印象に。

文具や書類などを一括管理できる使用例。棚と同じ無印良品の収納用品を使えば、サイズもぴったり。ホワイトグレーに統一させることでまとまりも。グリーンを飾るとやわらかさも出ます。

キッチン収納の使用例。中段はコの字の棚を置くことで空間を有効活用。棚上はコーヒーメーカーやカップをグループにして置くことで実用性アップ。ブラックの収納は下段に置くと、重心が下にきてバランスよし。

雑貨などを飾りつつ、下段に雑誌や収納を入れる装飾性と実用性を兼ね備えた使用例。ポータブルライトやブルーのフラワーベースなどの雑貨はガラス素材で揃えることで統一感を。雑誌は高さを揃えてバランスよく。

マクロとミクロの法則

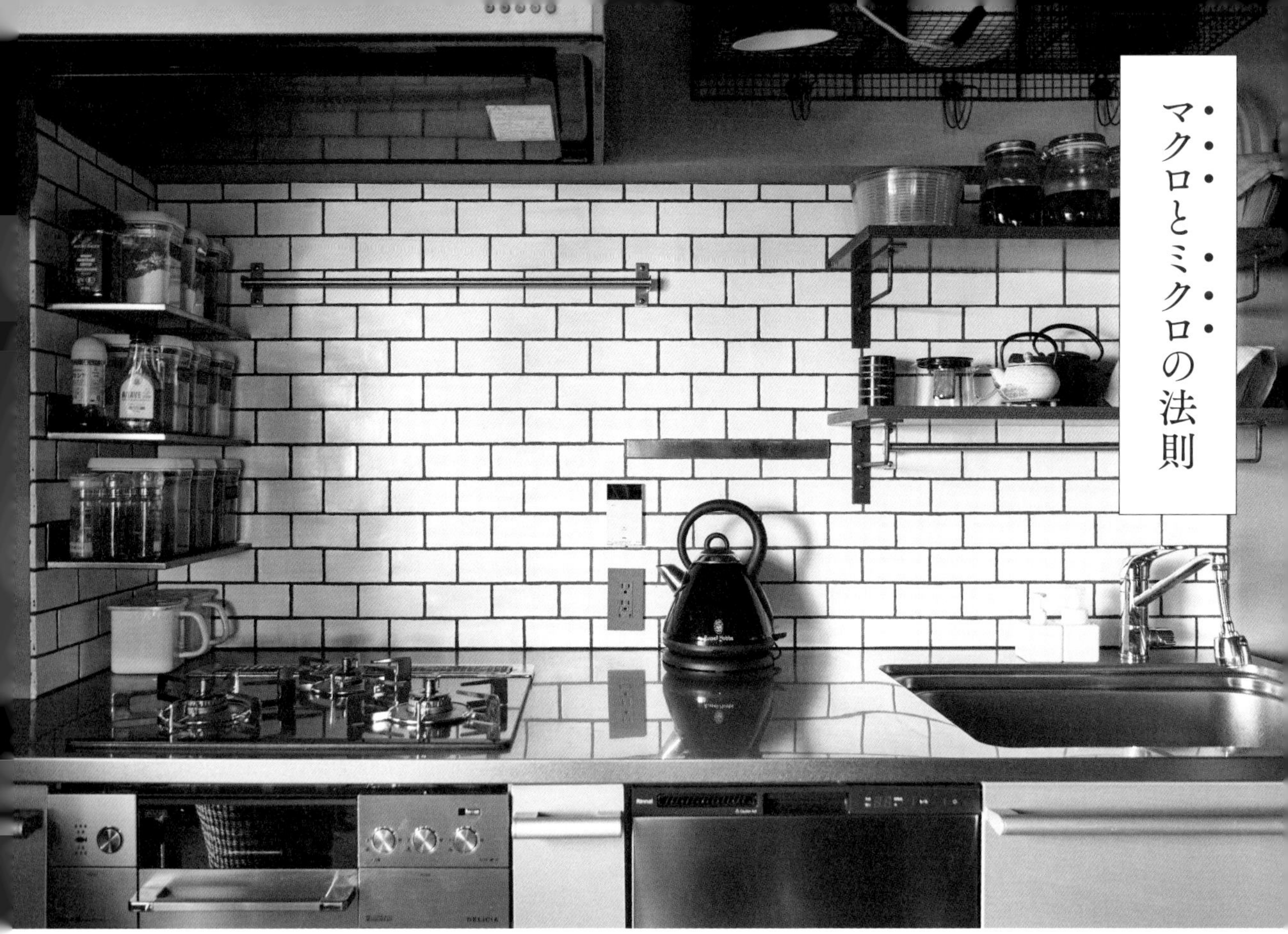

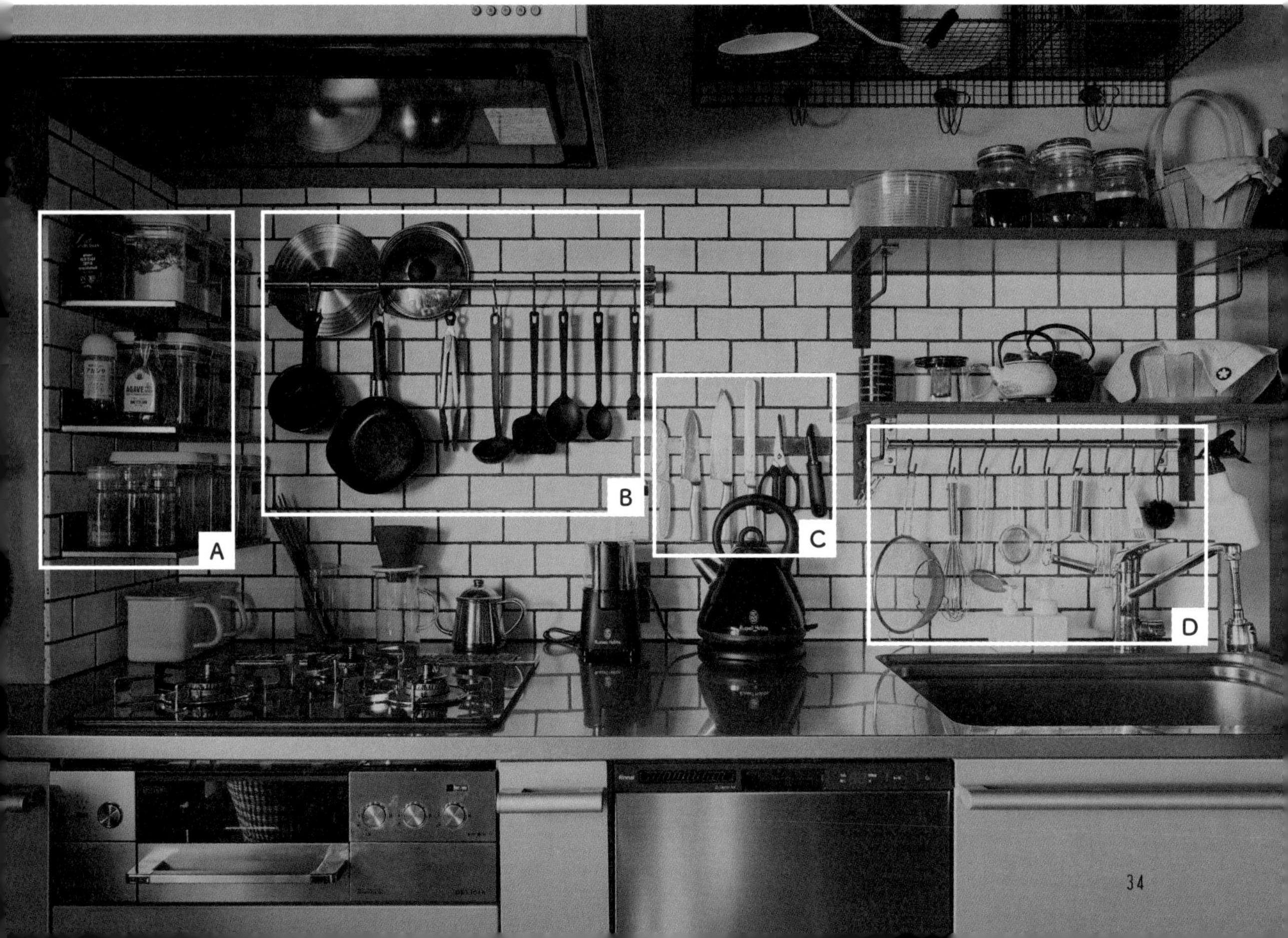

2つの視点でバランスを見る

模様替えでモノを配置する際に、バランスよく見せるにはコツがあります。小さなスペースにフォーカスする「ミクロ視点」と大きなスペースを全体で引いて見る「マクロ視点」を意識すること。雑貨や小物などの小さな要素を配置する際に、小さなスペースで見てバランスがよくても、全体的に引いて見るとどこかバラついて見えてしまうことも。色やサイズを意識して配置したり、日頃から部屋を2つの視点（ミクロ視点とマクロ視点）でチェックすることで、どこかに偏らずにまとまったバランスのいい空間をつくることができます。

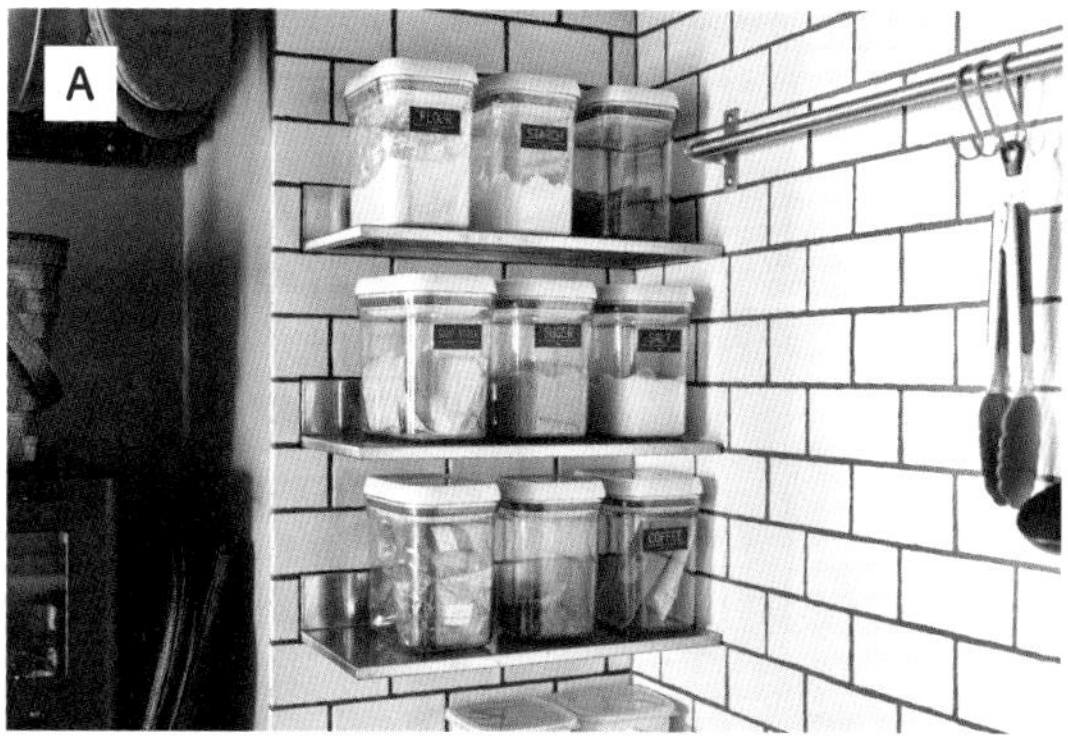

同じアイテムをずらっと並べて置くことで、9つ置いていてもひとつの大きなかたまりに見える効果があります。保存容器のサイズに合わせて棚を設置したので、収まりもいいです。

コンロ側の壁面には、調理で使うツールを掛けています。色をブラックに統一し、できるだけ同じブランドのモノに統一して並べることでゴチャついて見えないように工夫しています。

壁に付けたIKEAのマグネットバーには包丁とハサミ、ピーラーを収納。包丁は短いモノから長いモノの順に並べて三角を意識（36ページ参照）。ハサミとピーラーは色の統一感でバランスを取っています。

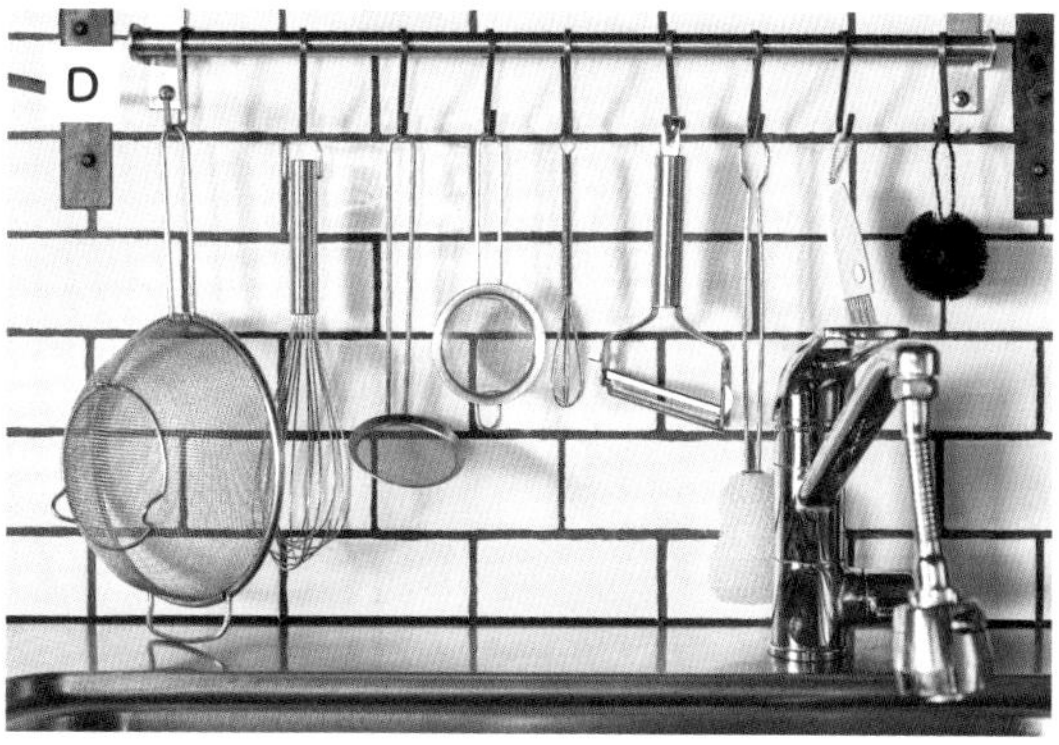

シンク周りで使うツールはステンレスとホワイトに統一。似ているアイテムをまとめながらも、長さ順にアーチを描くように配置。全体で見たときに色味が整っていると、バラついて見えません。

配置は三角をイメージする

バランスがいいと感じる置き方は三角

雑貨を飾る際、ただ単に好きなモノを好きな場所に置くだけだとまとまりがなく、雑然と見えてしまいがち。実は置き方にはルールがあります。モノをバランスよく見せるには、三角に置くことを意識してみましょう。三角に置くことで安定感が生まれます。正面から見たときに高いモノから低いモノの順に置いて三角をつくるのが基本ですが、雑貨が大きくなったり、壁を使う場合は奥行きも加えて立体的な三角になるように配置すると不思議とバランスがよくなり、感じのいいコーナーができあがります。インテリアショップなどでも素敵だなと思うディスプレーを観察してみると、配置が三角になるように置かれていることがほとんど。飾り方や置き方に迷ったら三角を意識してみて。

このセオリーでは誰でも簡単に、バランスよく素敵に飾ることができる、基本的な雑貨の置き方のテクニック、応用編として規則性を持たせながらもリズムを付ける飾り方、我が家で実践している三角の置き方の事例を紹介します。

DECORATE

配置は三角を意識する【基本編】

真ん中に背の高いモノを置く

背の高いモノを中心にして、左に2番目に高いモノを配置、右側に低いモノを置いて三角になるように。ミニチュアは複数個置くことでひとかたまりとしてもオッケー。

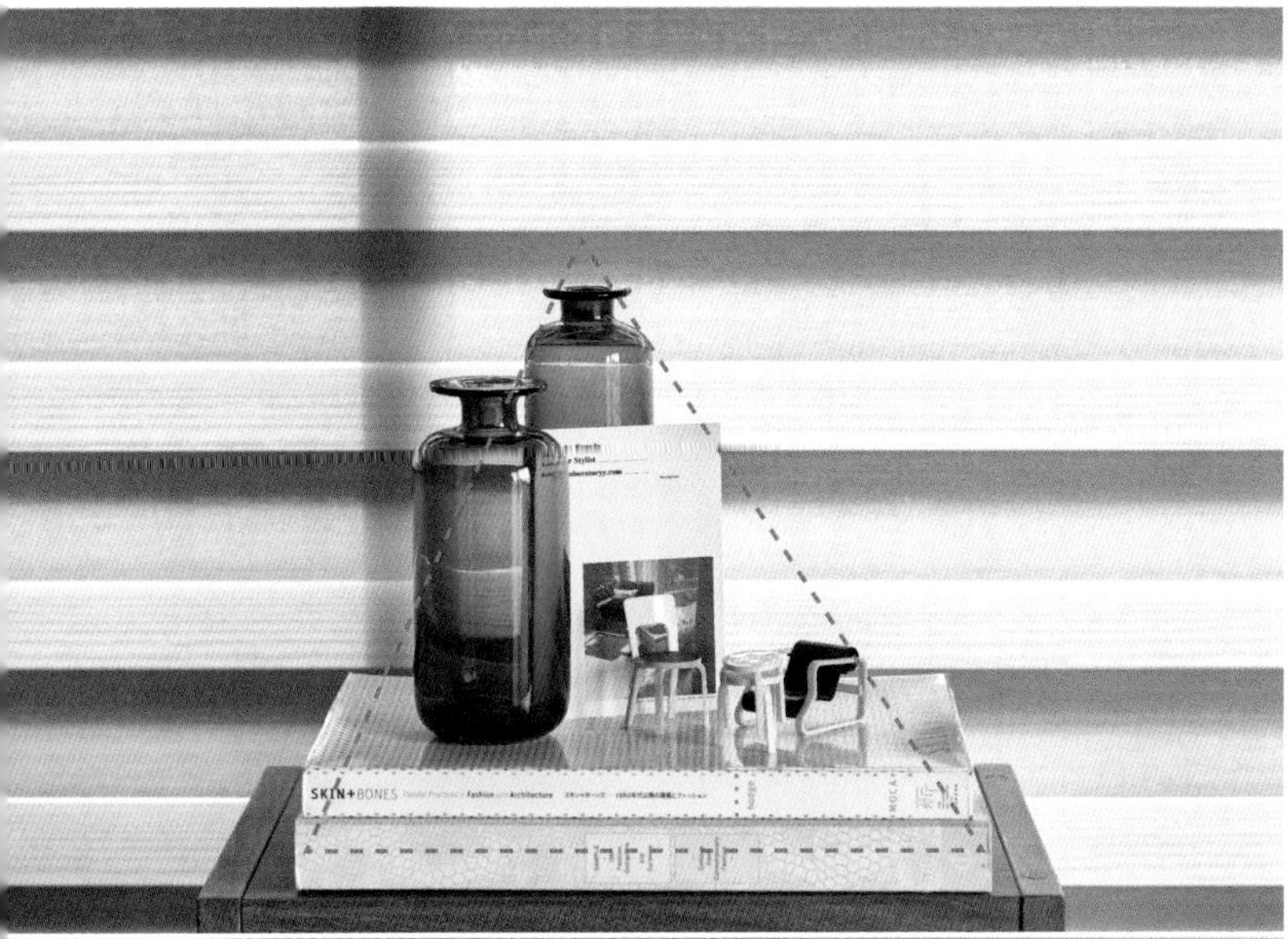

壁のアートを頂点にする

壁に掛けたアート、キャンドルホルダー、おもちゃの飛行機の3点を結んで三角をつくるアイデア。キャンドルホルダーが小さいので、間にグリーンを置くことでバランスが取れます。

サイズ違いの鍋は3つ重ねる

カラフルな鍋はふたを裏返して3つ重ねることで、小さい鍋から大きい鍋へと三角が生まれます。さらに壁のアートと一緒に見たときにも、三角になるよう鍋を左に少しずらして。

配置は三角を意識する【応用編】

小さな雑貨はまとめて置く

ミニチュアやキャンドルなどの小さい雑貨はバラバラと置くよりも、ギュっと近くにまとめて三角になるよう配置してみましょう。壁のアートと合わせることで、メリハリがついて逆に存在感が増します。

本でステージ（台座）をつくる

雑貨を置いてもの足りないときは、厚めの本（洋書など）をステージと見立てて飾るとまとまります。植物や雑貨をプラスしても◎。その際も三角を意識するとまとまりがいいです。

高低差をつける

大きめのモノをふたつ置く場合、ひとつをサイドテーブルやスツールなどに置いて高低差をつけたり、壁にミラーを飾って上に三角の頂点を持ってくることで、立体感が出てバランスが取れます。

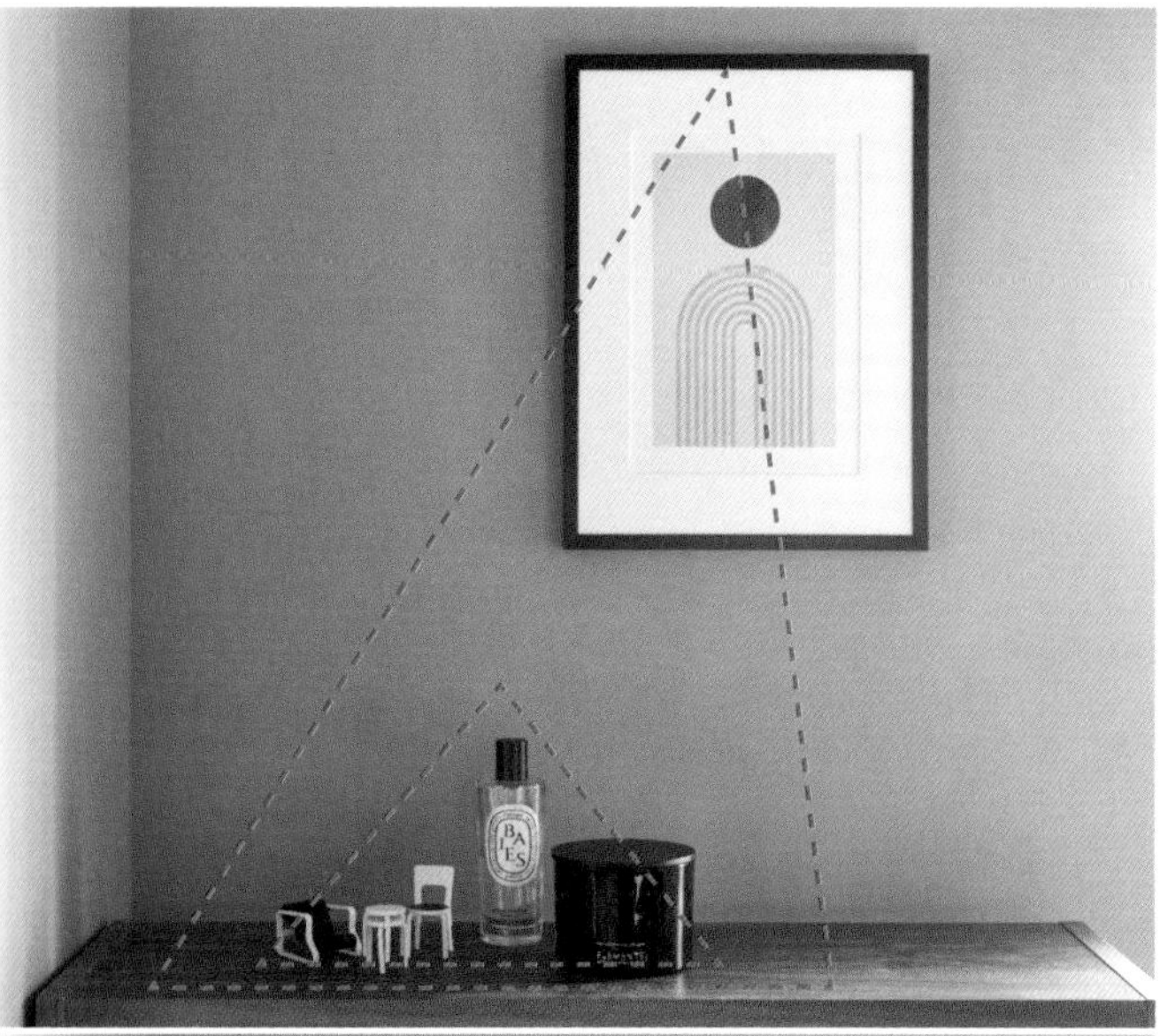

日用品を並べるときも三角を意識

洗面周りのアイテムを並べるときも三角を意識するだけで、ゴチャつきが解消。日々の暮らしで使うモノは、パッケージにデザイン性のあるモノを使うとインテリアにもなるので、気を使ってみて。

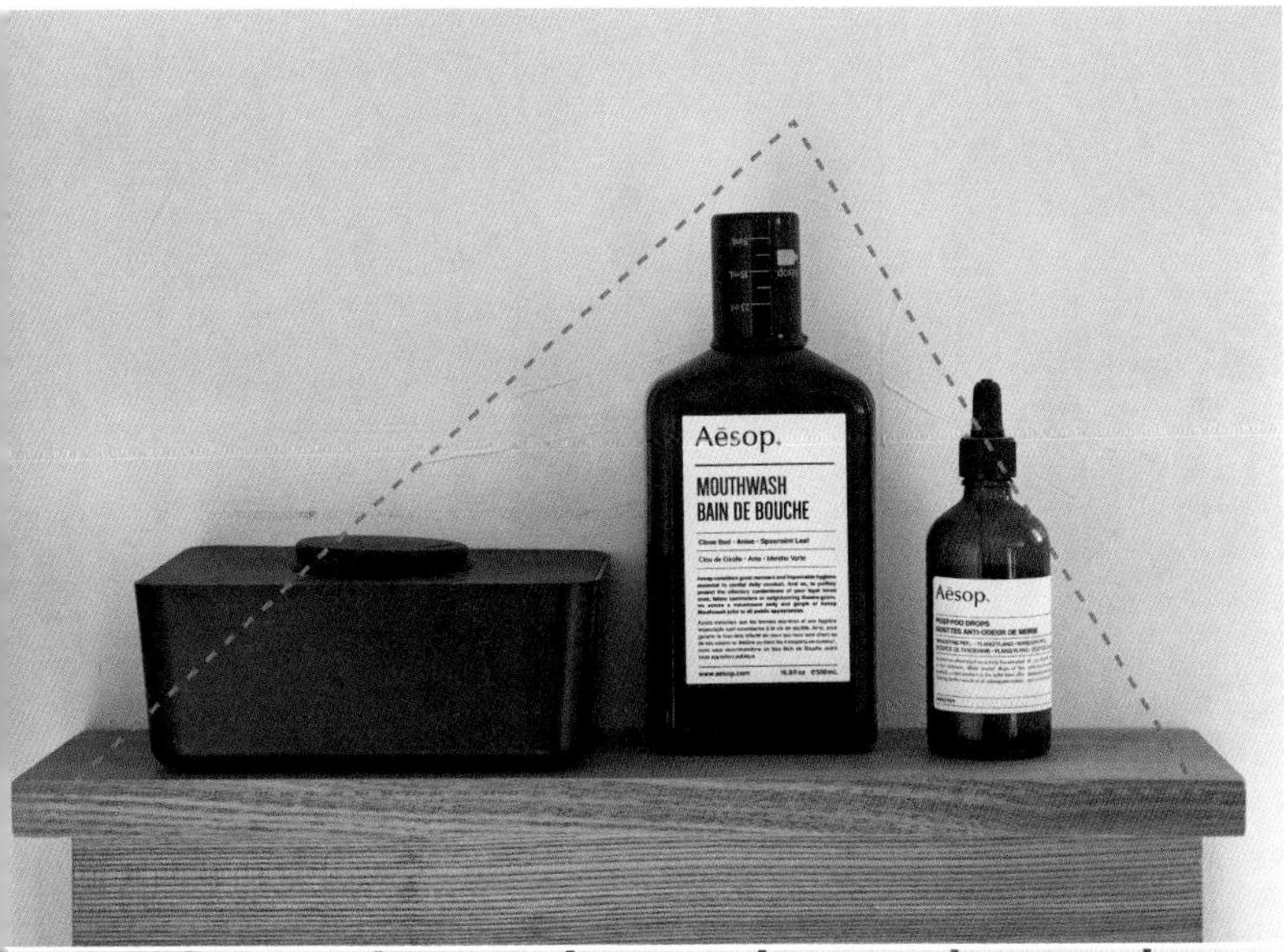

見せる収納は長さや大きさの順に

キッチンツールは、吊るす順番を長い→短いにするだけでまとまり感が出ます。シルバーが入ったトングはサイズ順に吊るさなくても、大きなフライパンで三角の中に収まるのでバランスよし。

タテヨコで素材を揃える

2段のオープン棚には、3つのガラスのジャーを並べたり、ティーポットを三角を意識して配置するほか、同素材のバスケットを上下に置くことで、2段に分かれてもつながりができます。

主役を決めて演出する

使いたいアイテムを決めて主役にする

　模様替えというと、どうしても大きな家具を移動させる大掛かりなイメージがありますが、例えばコーヒーテーブルやスツールなどの小さめの家具やバスケットなどのインテリア雑貨を主役として捉えて、その周りに置くモノの配置を考えてみるのも立派な模様替えです。

　こういうマイナーチェンジはハードルが低く、あっという間に部屋の雰囲気や気分が変わるのでかなりおすすめです。ちょっとした隙間時間にサクッとできるのも嬉しいところ。気に入らなければ、もとに戻すのも一瞬です。

　ソファーを主役にしてクッションカバーやブランケットを変えるだけでもオッケー。小さなコーナーの中で主役を決めてテーマを考えてみると、ほかに何を置くべきかが明確になります。周りを見渡して、インテリアの主役になりそうなアイテムを探してみるのも楽しいですよ。これまで気にもとめていなかった、何気ないアイテムが主役になったときの達成感を味わってください。

小さなモノでも主役にできる

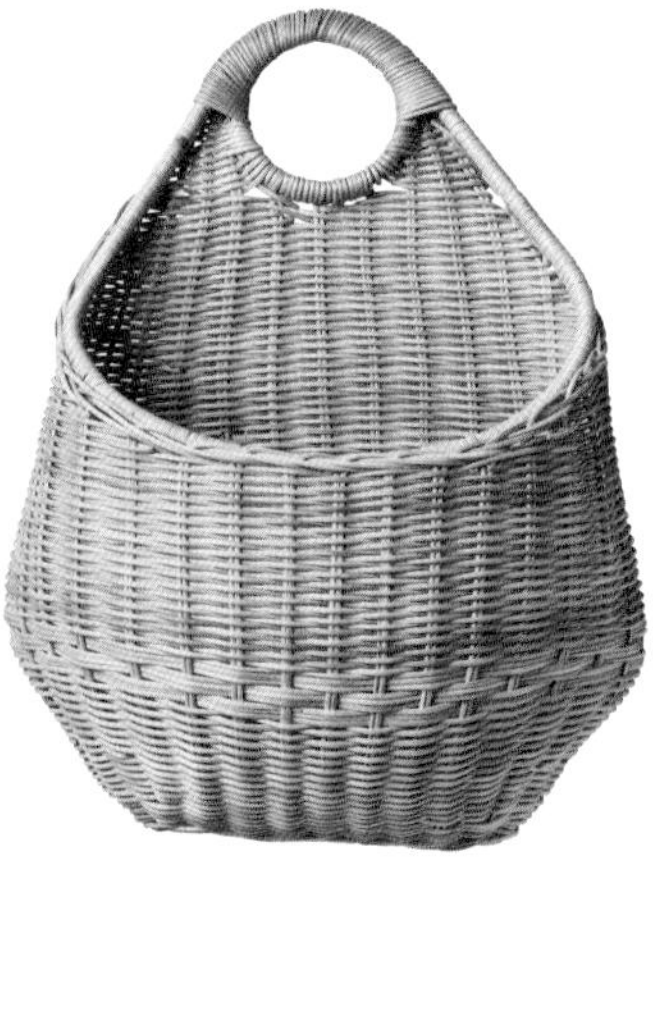

主役

壁掛けのバスケット

ベーシックだけど、風合いのいい素材のバスケットを主役に。隣に合わせるモノを変えるだけでも変化が出るので、気分や季節で変えて楽しむことができます。

主役

小さなサイドテーブル

直径40㎝程度の小さな丸テーブルは、本来のサイドテーブルとしての用途以外にも、グリーンや雑貨を置くことで簡単に模様替えを楽しめる万能アイテム。

THEORY 005

フォーカルポイントを意識する

部屋に入って最初の印象を決める場所を変えてみる

「フォーカルポイント」とはインテリアの用語で、「部屋の中で人の視線が集中する場所」という意味。その部屋に入ったとき一番に目に入り、部屋の印象を左右する場所のことを指します（〈インテリアの基本〉は18〜19ページへ）。部屋の入り口の正面や左の角がフォーカルポイントにあたることが多いですが、ソファーやダイニングに座ったときに目に入る場所もフォーカルポイントとなります。

私がアパレルショップでディスプレーの仕事をしていた頃は、店内に入ってすぐ目に入るフォーカルポイントに置く商品やディスプレーを定期的に変えることで新鮮さを出していました。お客様に対して季節感を感じてもらったり、新商品に気付いてもらえる絶好の場所なのです。

部屋も同じで、フォーカルポイントに置いているモノを変えるだけで印象は大きく変わります。雰囲気を変えたいと思ったら、目立たない部分を変えるよりフォーカルポイントの模様替えからはじめるのが近道！

フォーカルポイントさえ変えれば部屋の印象は変わる

象徴的な場所を起点に考える

部屋の中で目立つ場所（一番に目に入るスペース）をまず探してみてください。どのスペースが印象的なのか、どのアイテムを目立たせたいのか。

そのアイテムを別のモノにチェンジしてみるとそれだけでも、雰囲気はみるみる変わります。

棚の中身を変えてみたり、季節によって色や素材を変えたり、照明の位置を変えてみることからはじめてみましょう。我が家のフォーカルポイントは下の間取り図の通り。

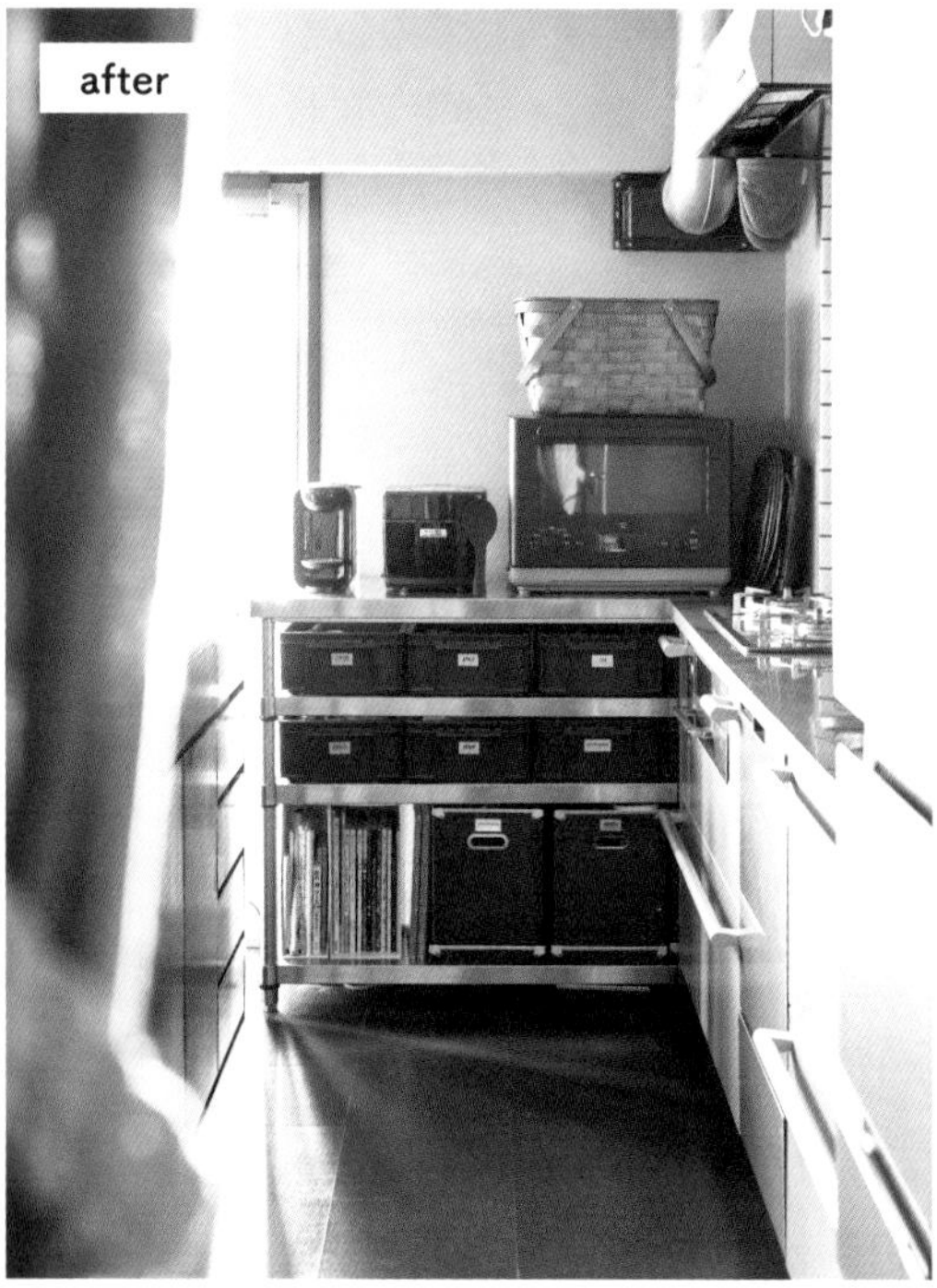

上：同じ棚でも中身を変えるだけで印象は変わります。こちらは道具が使いやすいように、調理器具やカゴなどを見せる収納にしたパターン。 / 下：家電や収納箱をずらっと並べて、ぎっちり詰め込んだ収納パターン。デザインや色を統一させてスッキリ整然と見せるのがポイント。

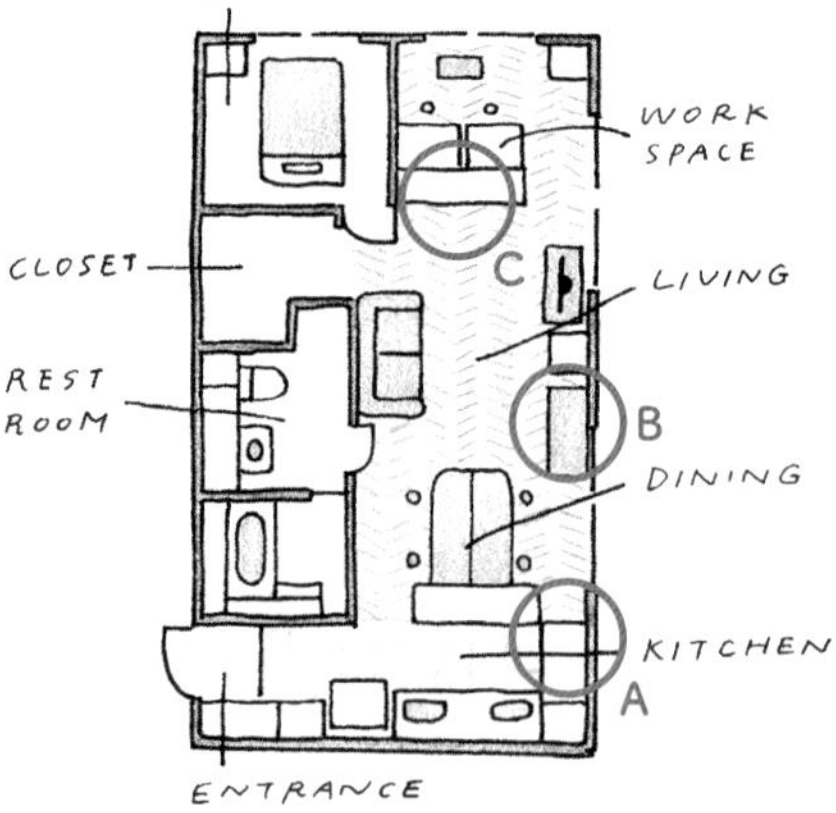

上：同じスペースでも家具配置を変えるだけで見え方・使い方が変わります。シェルフを仕切り代わりに使うことで奥側が仕切られた個室のような空間に。／下：窓際にグリーンを置くことで開かれた空間になり、広く感じさせる効果も。窓際を利用することで部屋の奥行きを感じさせるのにひと役買ってくれます。

上：照明のデザインを変えるだけでも雰囲気は変えられます。コンパクトなランプシェードは周りに馴染むカラーでシルエットが可愛いモノを。／下：ボリュームのある布のランプシェードはインパクトで勝負。狭いスペースで使用する際は、圧迫感のない素材のモノを選ぶことがおすすめ。

THEORY
006

視覚は操作する

人の心理や性質を知って、錯覚させる

家の中で圧迫感を感じる場所や目立ってほしくないモノはなんですか？ 例えば、狭いスペースにある大きな収納、エアコンやテレビなどの大型家電、充電コードなど生活感が出てしまうモノなどがありますよね。ここでは、そういった目立たせたくないモノを、視覚の特性を使ったり心理を操作したりすることで、存在自体を目立ちにくくさせるテクニックをご紹介します。

51ページの靴の棚。我が家の玄関はとても狭く、ここを扉付きの靴棚にしてしまうと圧迫感が出るだろうと想像をしていたので、棚板を置くだけのオープン収納にしました。つま先を前方にして靴の向きを揃えたり、似た色味の靴を並べて置くことで圧迫感を軽減するだけでなく、ショップのような雰囲気にも。靴も飾るように置くことで気分も上がります。

目立たせたくない大型家電も、インテリア性の高いアイテムをあえて近くに配置することで視線をそこへ集め、目立ちにくくすることができます。目立たせたくないモノと近い色のアイテムを置くことでも空間に馴染ませることが可能です。

VANS

見せたくないモノを見せないために錯覚を利用する

ハンギンググリーンを飾る

大きなグリーンをエアコンの前に吊ることで、エアコンの存在を軽減させられます。グリーンに直風が当たらないように風向きは調整。

ブラック×ブラックで馴染ませる

シンプルでスタイリッシュなデザインのブラックの箱（like it）を置くことで空間を引き締め、テレビの存在感を和らげてくれます。

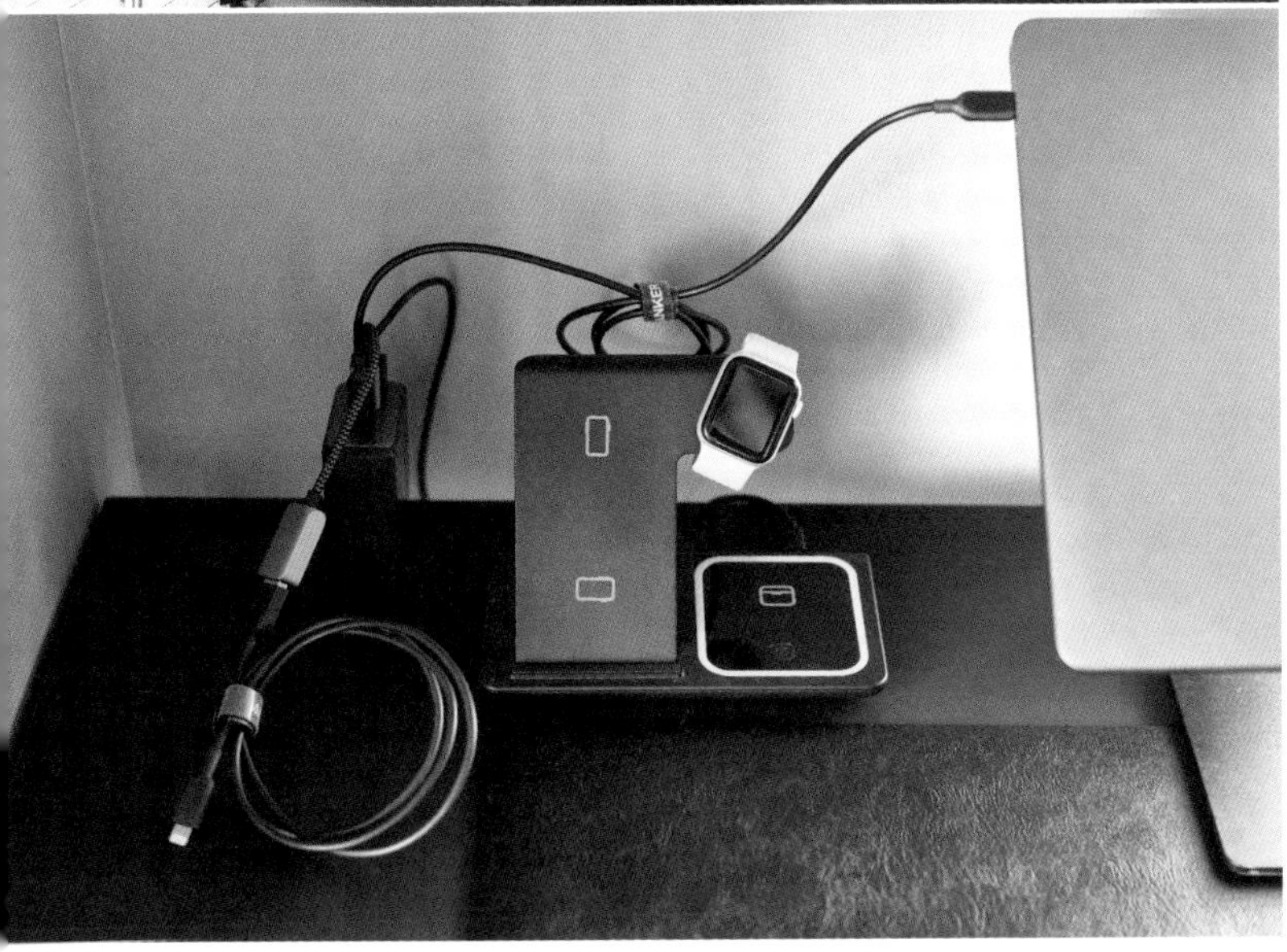

コードの色も揃えて馴染ませる

デスク周りでゴチャつきがちなコード類や充電スタンドは、デスクの色と同じブラックに合わせて馴染ませます。

常識にとらわれずに考える

まとまりのある空間をつくるために常識を疑ってみる

部屋を広く感じさせるためには、家具はコンパクトなモノを置くべきと思われがちですが、本当にそうなのでしょうか。部屋を見渡したときに、なんだかインテリア感がもの足りないと感じている方の部屋を見てみると、部屋の大きさに対してソファーやテーブルのサイズ感が小さめのケースがあります。私も独身時代から結婚当初、コンパクトなモノを多く持っていました。その頃はどれだけ模様替えしてもどこか空間が満たされず、スカスカした印象で落ち着きませんでした。

現在の我が家のキッチン・ダイニング・リビングは合わせて18畳程度と決して広くありませんが、大きめの家具を置いています。ダイニングで食事や会話を楽しんだり、ソファーにゆっくり座って本を読んだり、狭い空間であっても何カ所かくつろげるポイントを設けることでお互いに気を使わず、思い思いに過ごしています。大きな家具はその存在感がインテリアのポイントにもなって、まとまった空間をつくってくれるだけでなく、気持ちのゆとりも生んでくれるのです。

狭くても大きい家具を置く

無印良品のスタッキングシェルフ2段×5列は、幅200cmとなかなかの大物。壁のサイズに合わせて選んだので、小さなシェルフを複数個並べるよりも、空間に溶け込み、逆にスッキリして見えます。

幅150㎝の4人掛けダイニングセット

我が家の主役は、1950年代の北欧ヴィンテージ、イルマリ・タピオヴァーラのピルッカテーブルとチェア。来客や料理を楽しむために、ある程度大きなサイズのダイニングテーブルを置くのはおすすめです。

あえて大きめのランプシェード

ダイニング上に吊るしたランプシェードは直径50 cm×高さ50 cmと大きめサイズでieno textileのモノ。素材が布で軽くシースルーなので、圧迫感を感じることなく、むしろ空間を引き締めてくれる主役級の存在に。

2.5シーターで家族3人で座ってもゆったりなソファー

この家に住み替えた際に新調したACTUSのレザーソファーは、部屋に対しては多少大きめの2.5シーターをチョイス。奥行きもあるので家族3人で座っても、互いに遠慮することなく寝転がるにも十分な広さ。

THEORY
008

めんどくさいは模様替えのチャンス

使いづらさを感じたら動かしてみる

日々生活する中で、なんだか使いにくいな、この家事めんどくさいな、動線が悪いなと感じることはありませんか？ そんなときは模様替えの絶好のチャンス。

私は整理収納アドバイザーでもあるので、使いにくいと思ったらすぐに収納の見直しをします。同じように、雑貨、生活用品、家具など、置いているモノが現状の位置でいいのか一度疑ってみるといいです。30ページで紹介したように写真に撮るのも有効ですし、どこが使いにくいのか書き出したり、家族会議をしたりしてみると問題点が見えてくるはず。そこから模様替えをスタートするとスムーズです。

我が家は、コロナ禍で家で過ごす時間が増えた時期に食器棚を壁際に移動させてダイニングを広く使うことにしました。その時期はゆったり過ごせていたのですが、2年ほど経つと生活リズムが変わり、今度は食器を収納する家事のめんどくささが気になってきました。そして、家族に相談して、キッチンと並行に食器棚を置いてカウンターとして使うことに。気軽に動かせる家具選びも重要です。

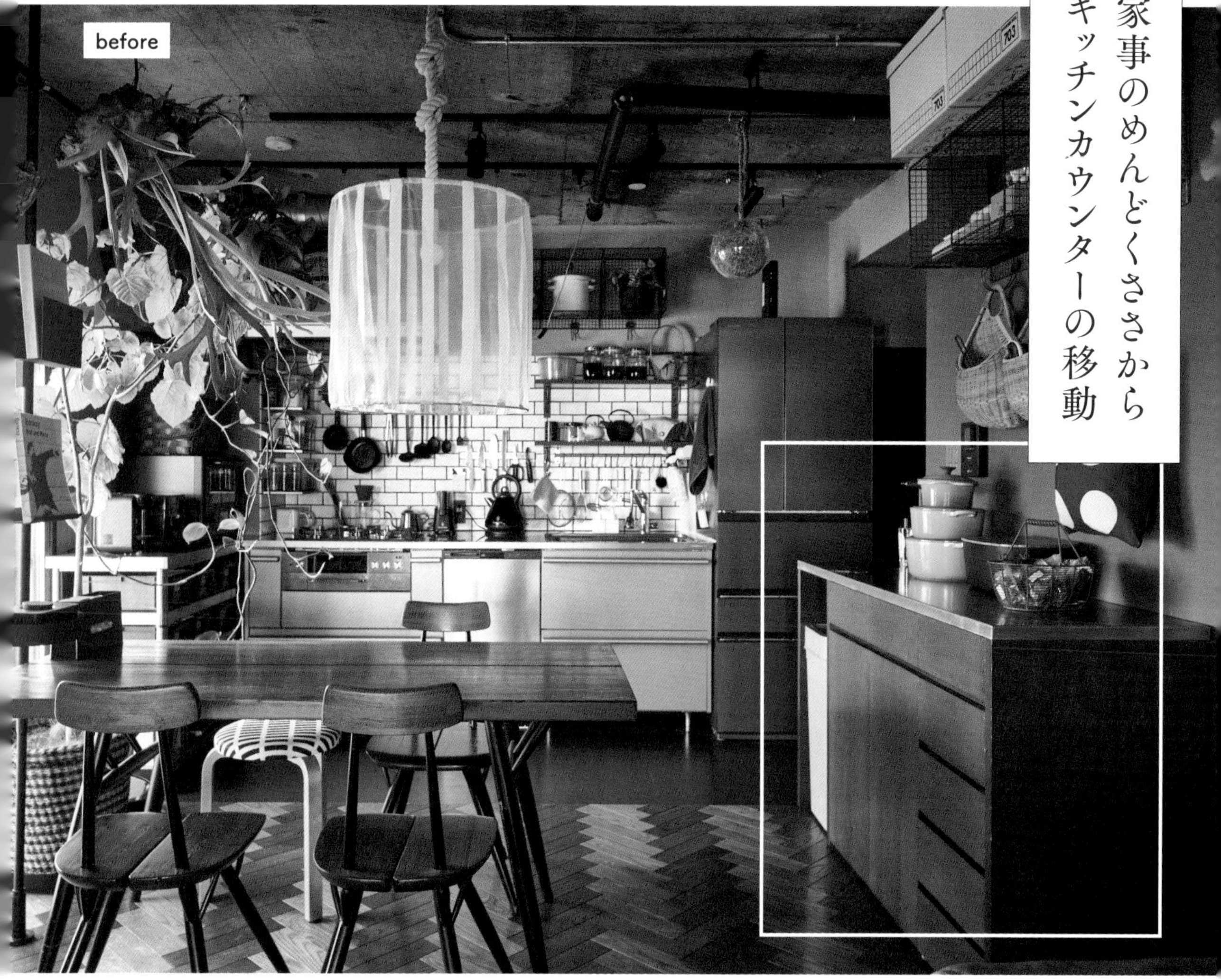

家事のめんどくささから キッチンカウンターの移動

壁際に置いて ゆったりスペースを確保

壁際に置いた配置。キッチンからダイニングテーブルとのスペースがゆったり取れるので、窮屈な感じがありません。家具を壁に付けて置くことでスペースが広く取れるので、開放的にしたい方におすすめ。

我が家では、おうち時間が長かった時期に、この配置にしたおかげで、狭いスペースでも家族3人快適に過ごすことができました。

間仕切りとして置いて家事効率を上げる

キッチンと平行に間仕切りとして置いた配置。キッチンスペースが個室のように区切られて料理に集中できたり、カウンター上が食事を盛り付ける作業台になったり、食器の出し入れの効率も上がります。カウンターの隣にダイニングテーブルがあることで、端にティッシュ類を置いても浮かない効果も。

キッチンの見せるツール

デザインのいい道具で日々の暮らしに彩りを

模様替えは決して大きい家具移動をすることだけではありません。小さなモノの場所の見直しも立派な模様替え。

日々キッチンでお料理をする際、さっと道具を使えるようにするには見せる収納が有効的。私のめんどくさがりが、この見せる収納にもつながっています。その代わり、出しっぱなしでも素敵に見えるデザインを選ぶようにしています。

毎日のように使うモノ、重くて出し入れがめんどうなモノは思い切ってディスプレーしてみてください。見た目のいいモノは気持ちも上がるのできっとお料理も楽しくなるはずです。

バスケットとファブリック

天然素材のバスケットにコースターやエプロンを収納しています。風合いのあるファブリックを掛けて程よく隠す収納に。出しっぱなしなので、さっと中身が取れて便利。

鉄瓶

可愛いデザインの鉄瓶は少し重いので、しまい込まずに棚に置きっぱなしに。使いやすい上に、置いていてもデザインがいいのでキッチンインテリアのアクセントに。

ル・クルーゼ 鋳物鍋

結婚当初から、毎年ひとつずつ買い足したお鍋。サイズ違いで同じカラーを選びました。鋳物製で重いのでしまい込まず、カウンターに出しっぱなし。ターコイズカラーがキッチンの主役に。

野田琺瑯 ラウンドストッカー

米びつやお味噌づくりにも活躍するストッカー。使わない時期はキッチン上部のワイヤーシェルフで見せる収納をしています（131ページ参照）。シンプルながらもデザイン性が高いです。

野田琺瑯 持ち手付きストッカー（角型）

調味料の保存にも使えるストッカーは直火に掛けられるので、少量の揚げ物をするときにも活躍。使用頻度が高いので出しっぱなしにしていますが、洗練されたデザインがインテリアに馴染みます。

FLOUR
STARCH
COFFEE

THEORY

009

こもれる空間をつくると落ち着ける

囲われた空間は心を整え、家事や仕事に集中できる

壁などで囲われた小さめのスペースで集中できたという経験はありませんか？　完全個室になっていなくても、背の低い家具で部屋を仕切ってみるだけでも個室感を出すことができます。

この個室感を私は「おこもり空間」と呼んでいます。キッチンとダイニングテーブルの間にキッチンカウンター兼食器棚を置くことで、調理スペースと食卓スペースに分けることができて、それぞれの作業に集中できるようにしています（〈インテリアの基本〉は18〜19ページへ）。私自身、中学生くらいの頃にロフトベッド（上部がベッド、下部がデスクになっている家具）を与えてもらったときに、そのスペースが嬉しくて、勉強も自然とはかどった経験があります。ベッドの上で音楽や漫画を楽しむ時間も至福でした。

また、海外やホテルのように風呂、洗面、トイレがひとつのスペースにまとまったアイデアもリノベーション物件ではよく見られるようになりました。水回りを1カ所にまとめることでスペースを無駄なく使うだけでなく、落ち着く空間を実現できます。

スタッキングシェルフ（200x28cm）とデスク（90x50cm）2台を仕切り代わりにすることで個室感が増します。

ワークスペースを囲って集中する空間に

ホームオフィスは狭くていい

リビングの奥にワーク&スタディスペース（48ページの間取り図参照）を設けているのですが、無印良品の低めのスタッキングシェルフで部屋を仕切って、その背面にデスクを2台置いています。広さにすると3畳程度。そこへぎゅっと家具が収まっています。パーソナルスペースができたと感じたのか、この配置にしてから小学生の娘もデスクに座るように。自宅での仕事に集中ができないなど、家具配置に悩まれている方は、こもれる空間をおすすめします。

スタッキングシェルフの上に置いた大きめのグリーンが程よく目隠しの役目をしてくれて、さらに個室っぽい空間に。

ホテルやレストランを参考にする

日用品もこだわってディスプレーする

我が家のトイレは「落ち着くね」とよく言っていただくのですが、ザ・水回りというよりは、部屋と同じようにインテリアを楽しんでいます。

清潔感を感じられるよう洗面シンク、トイレ、洗濯機はホワイトに統一し、モルタル壁のグレーを基調に、アクセントはブラックを入れてクールな印象。

そこにスパイスとしてデザイン性のある雑貨や日用品を置くことで、さらに落ち着く空間へと仕上げています。ここでは持っていると便利なアイテムをご紹介します（〈インテリアの基本〉は18〜19ページへ）。

香りアイテム

上質な香りのキャンドルやフレグランススプレー、お香などはインテリアとも相性が抜群。リビングだけでなく、サニタリー空間にも置きたいアイテム。

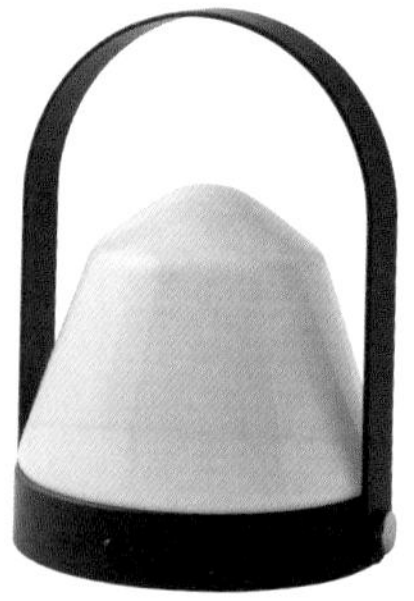

ポータブルライト

素敵なデザインやバリエーションが増えつつある、持ち運び可能なポータブルライト。狭い場所や電源確保が難しい場所でも気軽に置くことができます。

パッケージのいい消耗品

出しっぱなしでも様になる、デザインのいいソープやマウスウォッシュ。置くだけでホテルライクな空間に。賃貸住宅でも簡単にアップグレードできる技。

アート

こもれる空間にアートは必須。実用性も兼ねて友人のアーティスト（Instagram @84illustration）が描いたカレンダーをサニタリーに飾っています。

家族構成や年齢ステージで見直す

模様替えは子どもの進級のタイミングで

我が家には小学3年生の娘がいます。リノベーションしたこの家に移り住んでから誕生し、家庭育児～保育園～幼稚園～小学校と進級していくタイミングで模様替えを行ってきました。

子どもの成長とともに持ちモノや使うモノが変わるタイミングで、家具やモノの配置を見直すことが大事なのです。その際は家族でよく話し合ってから模様替えをすることを意識しているので、娘も模様替えに積極的に参加してくれて、今ではたくさんアイデアを出してくれるようになりました。

狭い家でも家族が増えても、その瞬間の暮らしに向き合い、工夫して模様替えをすることで、暮らしやすさは手に入れられます。そして、その都度部屋をアップデートしていくことで、家族全員が飽きることなく、どんどん家を好きになっていると実感します。模様替えは、同じスペースでも置くモノや使い方次第で無限に暮らしを楽しませてくれる効果があるのです。ぜひ子どもの進級のタイミングで見直してみてください。

遊び方が変わるおもちゃスペース

年齢が低い頃は目で見て楽しめる雰囲気を重視。天井にキャノピーを吊るしたり、娘だけの隠れ家のような空間を演出しました。

キッズスペースを囲うことで集中して遊べる上、このコーナーだけで遊ぶので、おもちゃがリビングにはみ出さず散らかりにくいというメリットも。

将来的に1人部屋を持つとき
にどんな家具配置にしようか
とシミュレーション中。

PART

02

印象をガラリと変える模様替え

部屋の印象をガラリと変えたくなったら、
範囲を広げた模様替えにチャレンジ。
大きな家具の移動は、一番手っ取り早い模様替え方法。
家具移動は少々大変ではありますが、
気分をリフレッシュさせてくれます。
グリーンや雑貨、季節の飾りを
取り入れることでも新鮮さが出ます。
部屋の中で大きい面積を占める、
窓周りのモノを入れ替えるだけでも印象を変えられます。

見飽きたら模様替えで新鮮さをプラス

新しい部屋のように感じさせるには？

一度、部屋の中をぐるっと1周見回してみてください。長年同じ場所に置いてある家具はありませんか。なんだかここ見飽きたかも、と感じた場所や一度も動かしたことのない家具から模様替えをスタートしてみましょう。

まずはじっと部屋の中を見つめて、「この家具をこっちに置いてみたらどうだろう」と頭の中で想像してみます。メモ用紙に簡単な間取り図を描いてみるのも有効。

大掛かりな家具移動をしなくても、小さな収納棚の順番や向きを変えてみるだけでも気分は変わるもの。しっくりとくる配置を探りましょう。

こうした積み重ねで、どんどん家具を移動する楽しさを感じてくるはず。私も高校生の頃、自室の模様替えを夜な夜な行って、新鮮な気分を味わっていました。やってみることで新たな発見があったり、もとの配置のほうがよかったと気付くこともできます。

どこから手を付けたらいいのか迷ったら、まずはじっと部屋を観察してみると意外なところにヒントがあるかもしれません。

Russell Hobbs
Russell Hobbs

小さな家具の移動でも気分は変わる

同じデザインのデスクを選んだ理由

我が家には同じデザインのデスクが2台あります。模様替えのしやすさを意識してオーダーしました。

2台並んだデスクの間に小さな収納棚を置くことで、2人並んで座ったときに程よい距離ができて、それぞれが集中できる環境に（写真）。収納棚を端に移動させて、デスクを2台つなげて置くことで、ひとつの長いデスクにして作業スペースを広げるのもオッケー（79ページの写真）。同じデザインのデスクを持つことで、向かい合わせにして置くことも可能です。

また家具購入で迷ったら、同じデザインやサイズ、素材を合わせることで近くに配置したときにまとまりが出るのでおすすめです。

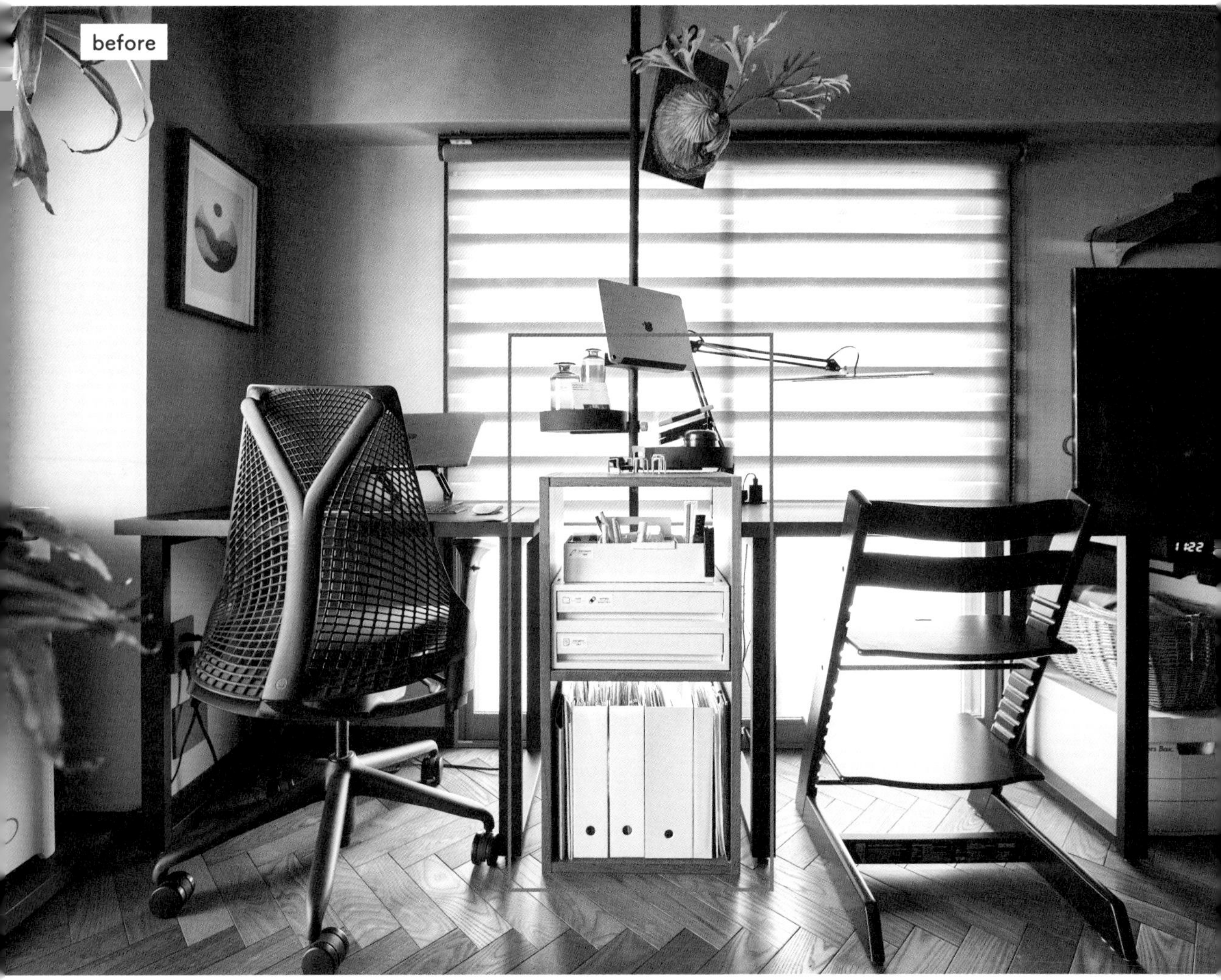

上：オーダーしたデスクは、幅 90x 奥行き 45cm とコンパクトですが、PC 作業や勉強にも十分な広さ。/ 左：無印良品・2 段・ウォールナット材には仕事で使う書類や文具を収納。横向きにして置くこともでき、ひとつ持っていると便利。

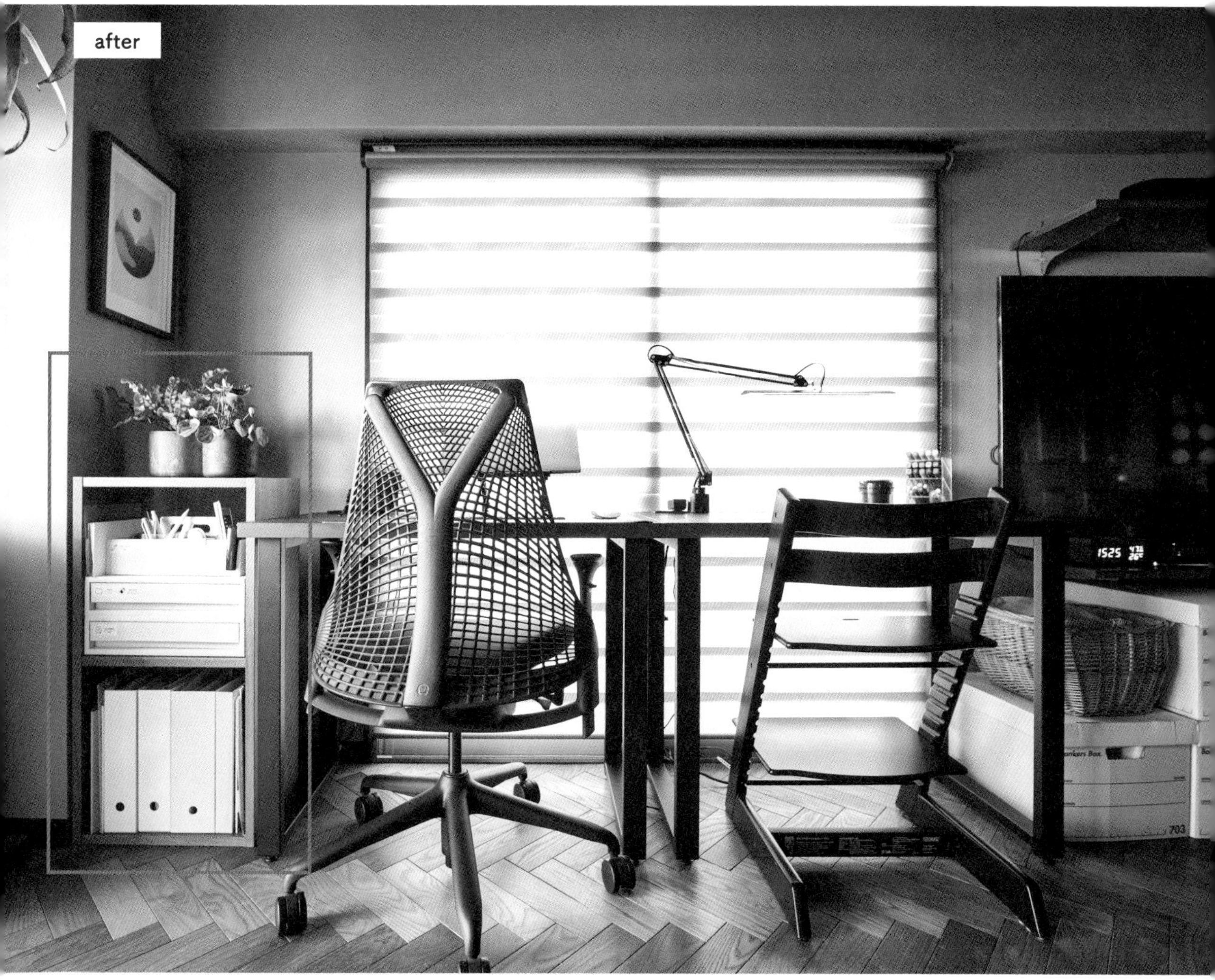

グリーンで印象を変える

雑貨と同じ感覚でグリーンを置く

インテリアにもの足りなさを感じたら、家具や雑貨を買い足す前にグリーンを取り入れてみてください。インテリアグリーンは空間をオシャレにしてくれるだけでなく、リラックスや癒しの効果もあり、暮らしの質をグッと高めてくれます。

最近ではハンギングできるグリーンのバリエーションも増えています。吊ることで天井付近の空間を引き締めながら、部屋全体を立体的に見せてくれる効果もあるのです。

勇気がいるかもしれませんが、思い切って家のシンボルとなるようなサイズの大きいグリーンを数個取り入れてみましょう。フォーカルポイント1カ所につき、シンボルツリーを最低ひとつ配置し、そこに小ぶりなグリーンを付け足すことでまとまりが生まれてきます。小さなグリーンをたくさん並べるのも可愛いのですが、大きなグリーンよりも実はバランスが取りにくくバラバラした印象になりやすいので注意が必要です。

リドレイ

ビカクシダの原種の中でも人気。シカの角のような独特なフォルムがかっこいい。程よい日当たりと通気を好みます。壁掛けできるように板付けされている、目を引く個性的なデザインなので、目立つ場所（フォーカルポイント）の主役に。

ビカクシダ

我が家がハンギンググリーンにハマるきっかけになったビカクシダ（種類不明）。部屋のシンボルツリーの役目を果たしてくれています。ヘゴ板と呼ばれる素材に着床された、個性的な形が魅力的。3年経過し、現在も成長中。

マダカスカリエンセ

ビカクシダ原種の18種のうちのひとつで、栽培難易度が高いとされる品種。ドーム型に根を包み込むように広がる貯水葉が特徴的。コルク付けされているのでインテリアとしても個性があり、吊るして飾るとかっこいい。

ハブカズラ

サトイモ科で、ツルが下へ下へと長く伸びるので、天井から吊って飾るとかなりのインパクトがあります。カーテン越しの日当たりのいい窓辺などに適していて、比較的育てやすいグリーンなのでおすすめです。

アグラオモルファ

大きな緑の葉と切れ込みが特徴的な湿気を好むシダ植物。ハリのある大きな葉は垂れすぎないのでバランスもよく、置くだけで様になります。我が家ではワークスペースを区切る棚の上に置いて、パーテーション代わりに。

エスキナンサス

枝が垂れる姿と美しい赤い花が特徴的。多肉質な可愛い葉を付けたツルが伸びるため、高い位置に飾る観葉植物として人気。マクラメなどプラントハンガーで吊って飾ると雰囲気◎。耐陰性があるので室内でも育てやすいです。

ベンジャミンバロック

くるくるとしたカール状の可愛い葉を付ける人気のグリーン。これひとつ置くだけでインテリアがビシッとキマります。手頃な価格で手に入り、育てやすいのでグリーン初心者にもおすすめ。日当たりのいい場所を好みます。

エメラルドウェーブ

光に当てると葉のうねりの陰影が美しくエメラルドのよう。存在感がありインテリア性が高いシダ植物。耐陰性があるので置く場所の自由度もあり。小ぶりなので雑貨と合わせてポイントとして置くとまとまりも出ます。

グリーンの選び方と置き方のコツ

グリーンを動かすだけでも気分は変わる

部屋の家具を動かすように、グリーンも置き場所を定期的に変えてあげることで、部屋の雰囲気が変わります。

大きなシンボルツリーは部屋のどの場所へ置きたいのかを先に決めてから、そのグリーンを中心に家具配置を決めていくとスムーズです。小さめのグリーンは、模様替えの最後の仕上げ時に、もの足りなさを感じるスペースに置いてみて。吊り下げるタイプのグリーンは、殺風景でのっぺりとした上部の空間をオシャレに仕上げてくれます。日が入りにくい部屋など、置く場所によっては、フェイクグリーンを活用するのもおすすめ。我が家でもフレッシュとフェイクグリーンを使い分けています。

上：吊るすタイプのガラスのハンギングボールベースには、フェイクのエアプランツを入れてインテリアのポイントに。目線より高い位置や日当たりが悪くお世話をしづらい場所はフェイクグリーンを取り入れるのも手。／下：グリーンを吊るすときはどこから見ても重なって見えないように配置するとバランス◎。配線ダクトレールにフックを付けたり、天井躯体のネジ穴を利用してアイボルトで固定するほか、賃貸住宅なら石膏ボード用の天井フックが便利。

ウンベラータなど背が高めの鉢植え植物はひとつあると便利。ソファーなどの家具の横や後ろ、部屋のコーナーに置くことで空間がグッと引き締まります。IKEAのバスケットを鉢カバーにしてインテリアに馴染ませています。

季節は雑貨で楽しむ

子どもと一緒に飾り付け

季節によって飾るモノを変える。これも立派な模様替えです。玄関周りやリビングの棚の上など、いつも目にするスペースを「飾る場所」と決めると迷いなく飾れますし、季節を感じることができます。

我が家には小学生の娘がいるので、幼稚園に入った頃から季節雑貨は子どもと一緒に飾り付けをしています。ディスプレーの仕事をしていた経験がある私としては、特に子どもが小さい頃は気合いを入れて、とにかく派手に飾り付けしてあげようと張り切っていました。ただそんな体力と気力は毎年続かず、飾るのがいつしか億劫になっていきました。そこで辿り着いたのは小さなスペースに集中して飾ること、子どもと一緒に飾ること。子どもならではの楽しいアイデアも見つかるかもしれません。

クリスマスはその頃にお花屋さんで見かけるヒムロスギやサンキライなどの枝モノ、ドライフラワーのスワッグでも十分。ハロウィンなどの雑貨は100円ショップなどでも手に入るので気軽に楽しんで。88ページでは季節ごとの小さなスペースでの飾り方をご紹介します。

我が家のクリスマスツリーはタペストリータイプで壁にピンで付けるだけ。軽めのオーナメントを安全ピンで留めています。布なので収納場所も取りません。

季節雑貨の飾り方

家にあるほかの雑貨と組み合わせを楽しむ

季節飾りは短くて2週間ほどしか飾らないモノもあるので、収納場所を考えるとあまりたくさん持つ必要はないですし、大規模に飾らなくても十分雰囲気を出せます。例えば手のひらサイズの小物を複数飾ったり、家にある雑貨と素材や色の合うモノと組み合わせてみたりするなど、工夫次第。何と一緒に飾ろうかと考えるのも楽しみのひとつになります。

ひな人形

組み木のひな人形。子どもが手にして遊べる、子どものためのひな人形。パズルのように組み合わせられて、円形箱にピッタリ収まるコンパクトさ。年を重ねるごとに木の味わいが増す楽しさも。

鯉のぼり

和紙でできた鯉のぼりと吹き流し飾りをポールに付けるだけの卓上タイプ。コンパクトで軽い。シンプルなので、ブラックのシェーカーボックスと組み合わせることで空間が引き締まります。

ハロウィン

ほぼ 100 円ショップで見つけた雑貨。お菓子を入れたバケツをメインに壁も使って、オバケや蜘蛛の巣をテープで貼るだけで立体感が出ます。ハロウィンらしくオレンジとパープルでカラフルに。

クリスマス

ザ・クリスマスという雑貨は、中央のサンタクロースやツリーの小さな木製飾りだけ。そこに松ぼっくりやコットンフラワーの枝、キャンドルやテーブルランプを組み合わせてクリスマスらしさを演出。

お正月

手のひらサイズの縁起物（招き猫・富士山・だるま）の木製飾り。桐箱のふたをステージに、娘のアーチレインボーのおもちゃから赤いアーチを組み合わせ。しめ縄を壁に付けると立体感が増します。

雑貨を部屋のアクセントにする

インテリアに欠かせない雑貨

置くだけで様になるデザインや、空間のスパイスになる雑貨は何個か持っておくと便利。また同じ色やシリーズでサイズ・デザイン違いの雑貨を複数取り揃えておくことで、飾ったときにまとまりが出ます。

雑貨を選ぶ際に気を付けたいのが、雑貨の色味や素材感。部屋のアクセントカラーを決めてそれに合う色の雑貨を集めることをおすすめします。私は「好き」なブルーとグリーンの雑貨を集めていて、それ以外の雑貨はナチュラルやブラックだけ、と決めています（〈インテリアの基本〉は18～19ページへ）。

天然素材でできた雑貨は、クールや無骨なインテリアに温かみや優しい雰囲気をプラスしてくれるので、カゴやバスケットはデザイン違いでたくさん揃えています。小物の収納アイテムを選ぶときには、石やガラスなどのツルッとした質感、アイアンはマットなモノなど、素材や色にこだわるとインテリアに馴染み、統一感が出ます。形はかっこいい印象に見える四角い雑貨とやわらかい印象に見えるまるい雑貨を混ぜて置くことで単調にならず、リズムが付きます。

droog
Louis Poulsen
Catalogue 2021

ブレッドボックス

毎日服用する薬入れとして活用しているケースは、デザイン性が高いステルトン社RIGTIGシリーズのブレッドボックス。ふたが木製なので、インテリアにも馴染みます。

シェーカーボックス

重ね使いが可愛い、小物入れのシェーカーボックス。studio CLIPで見つけたモノ。収納としてももちろん使えます。ただ飾るだけでも可愛い。

ふた付きバスケット

浅めでコロっとしたデザインが可愛いファティマモロッコのバスケット。子どものカラフルで細かいおもちゃを収納。子どもでも扱いやすいデザインと素材です。

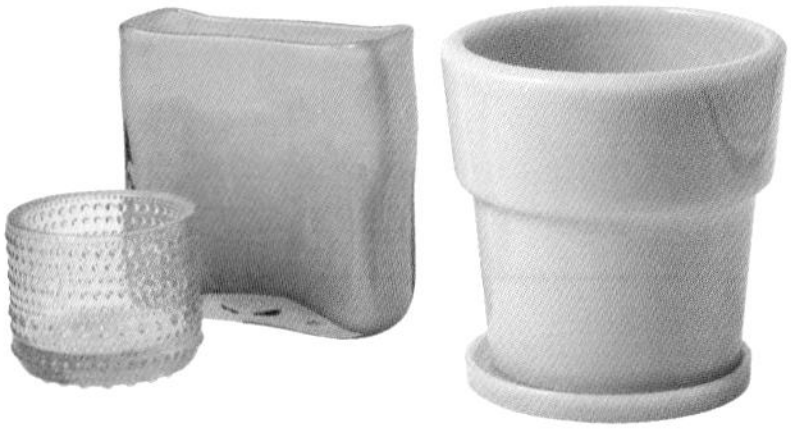

グリーンの ガラスの器たち

違うブランドながらも色のトーンやガラスで揃えることで、一緒に置くとまとまりが出ます。色モノの雑貨を取り入れるときは、意識してほしいポイント。

ブルーのガラスの 花瓶

北欧ヴィンテージのお店で見つけたブルーの花瓶。たまたま似たデザインが手に入りました。単品で飾っても複数組み合わせてもまとまりが出ます。

ピクニックバスケット

出しっぱなしでも様になる、大きめのバスケットはマストで持っておきたいアイテム。我が家のふたが付いているバスケットはお菓子収納として活躍中。

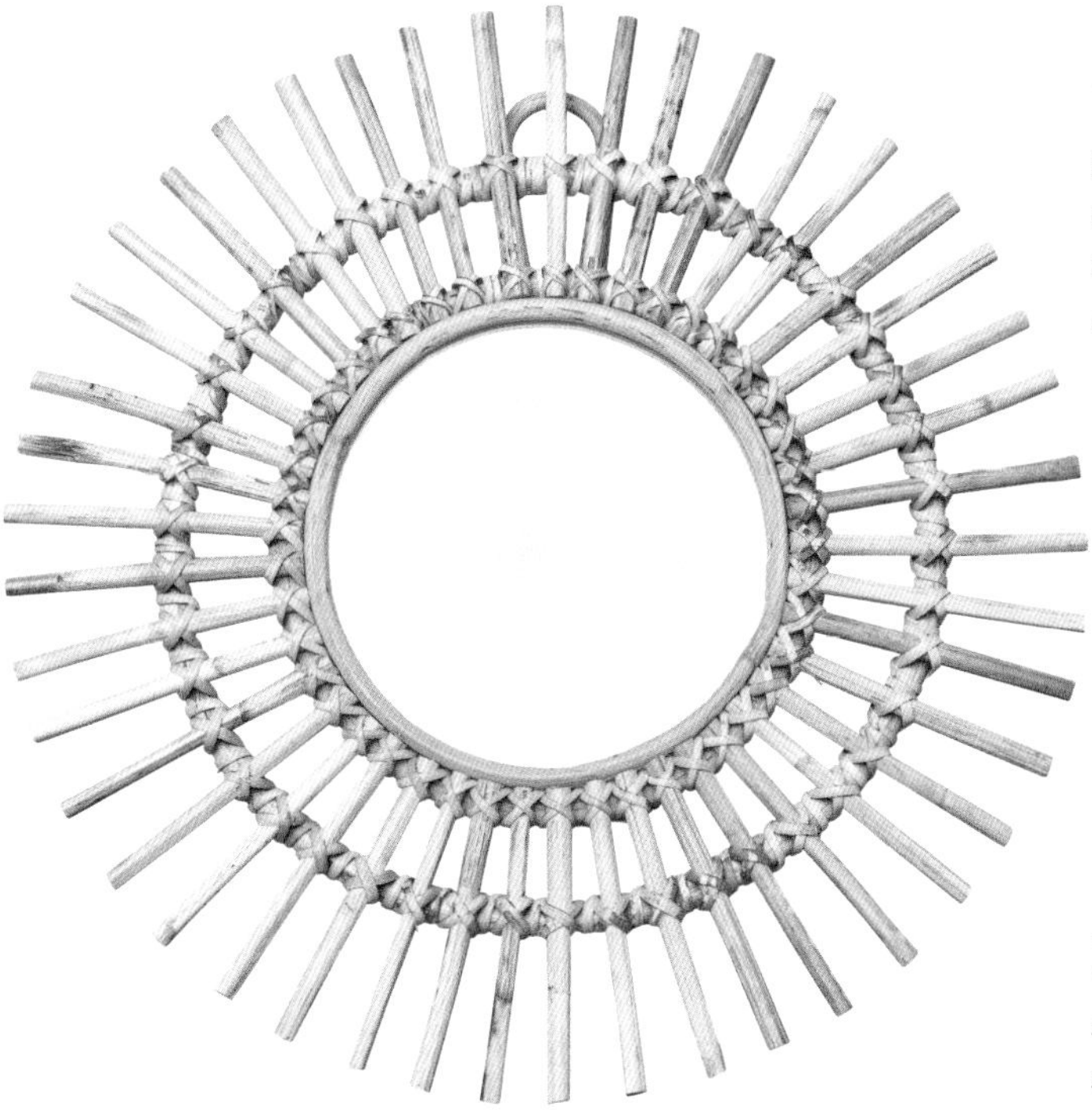

ラタンミラー

家具やラグなどは四角いモノが多いので、雑貨にまるいデザインを取り入れると、直線的に見えていた視界にリズムが付きます。迷ったら円形を選んで。

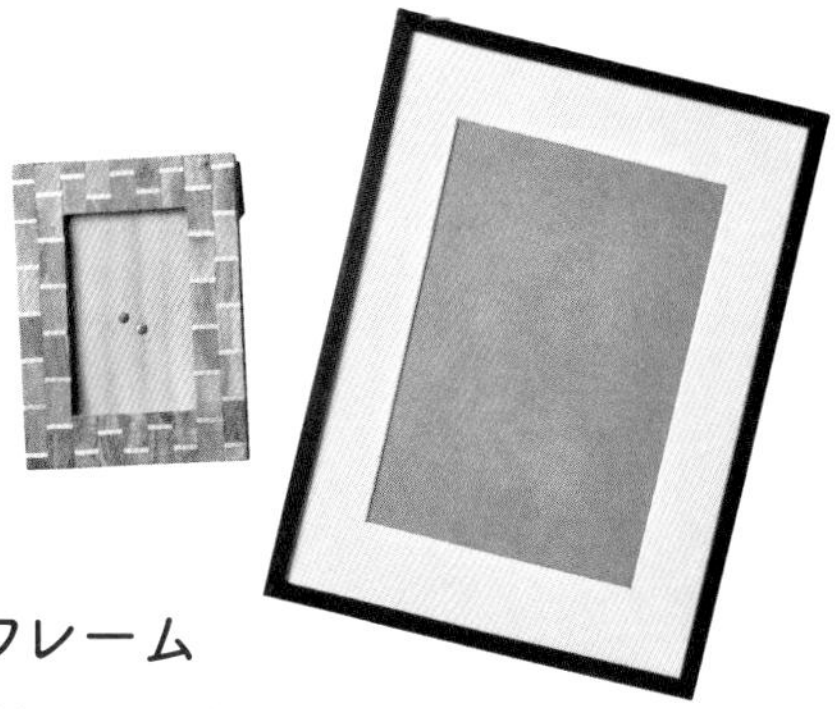

アートフレーム

ポスターはもちろん、子どもが描いた絵もフレームに入れるだけで、立派なアートに。ブラックのフレームは空間が引き締まる効果もあり。

木製トレー

お菓子やくだものを置いたり、アクセサリー置きにしたりできる万能なトレー。天然木なので、長年愛用でき、経年変化も楽しめる。こちらは 10 年選手。

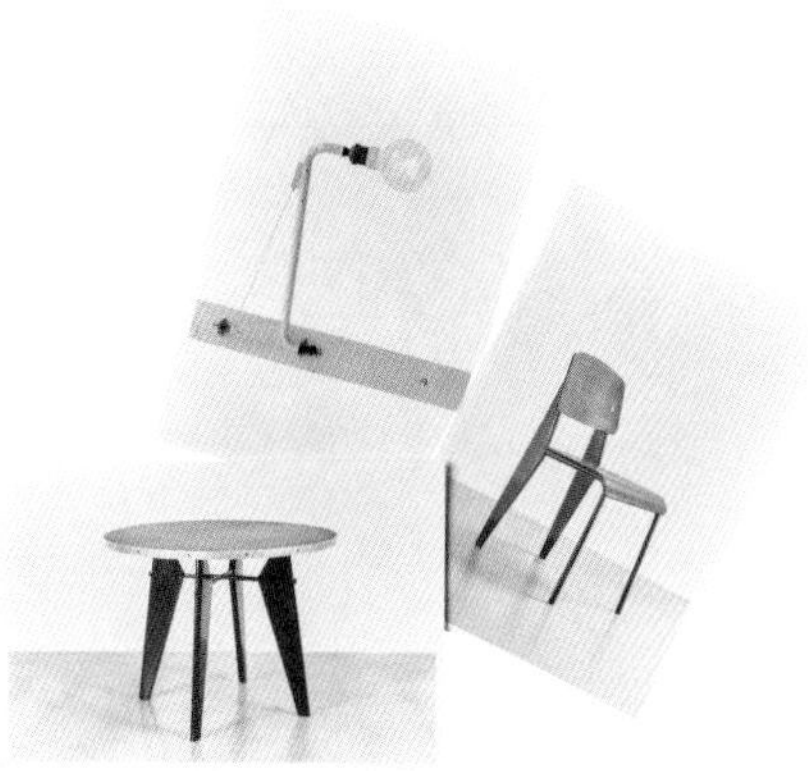

ポストカード

ポストカードもあると便利なアイテムのひとつ。雑貨を飾り付けした場所に 1 枚添えたり、マグネットやピンで壁に付けるだけでアクセントに。

イラスト＆フレーム

アーティストさんに毎年描いてもらっているポストカードサイズの家族のイラストは、IKEA の小さなフレームに入れて飾ります。

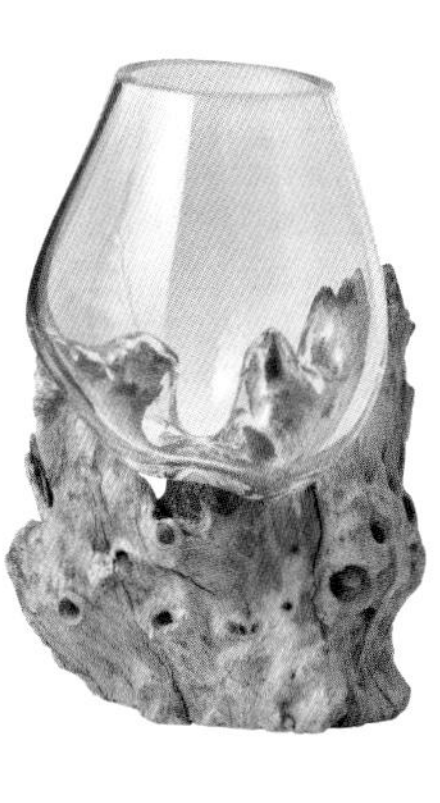

流木ガラスのオブジェ

グリーンや花を生けても、観賞魚を入れても素敵な流木ガラス。自然の流木なので、ひとつひとつデザインが違う、一期一会の出会いを楽しんで。

窓インテリアで遊びを取り入れる

「窓」を生かしてより素敵な部屋に

窓の周りに付けるモノと聞いて思い浮かぶモノはなんですか？　カーテン、ブラインド、ロールスクリーンなどでしょうか。これらは窓からの光を調節したり、外からの視線を遮ってくれたりする役割として使っている方が多いと思います。

窓にはベランダへ出入りできる「掃き出し窓」と、外への出入りができない窓枠が腰の高さほどの「腰高窓」があります。我が家は角部屋で4カ所全てが掃き出し窓。住みはじめた当初は家具の配置に悩み、窓の近くにはほとんど何も置かずにシンプルなロールスクリーンを付けただけ。部屋の中央部分のインテリアのことばかり考えていましたが、掃き出し窓に棚を置いてみたところ、不便さも感じず、むしろ棚の背面から気持ちのいい光が入って素敵な空間に仕上がりました。常識にとらわれず家具を窓の近くに置くことを覚えてからは、積極的にグリーンや家具を置くなど、窓周りの模様替えにハマっています。壁紙を変えるのは難しくても、手軽に印象を変えたいならカーテンに色を取り入れるのもおすすめです（〈インテリアの基本〉は18～19ページへ）。

天井付近にカーテンレール（TOSO）を設置しカラーの布（ieno textile）を掛けて、ロールスクリーン（TOSO）と組み合わせることでこなれた雰囲気に。窓枠よりも上から布が垂れ下がることで天井が高く見える効果も。

窓周り空間を有効活用

グリーンや小さな家具を置いて人もグリーンも喜ぶ空間に

ブラックのハンギングバーを窓近くの天井に設置し、グリーンやバスケット、照明を吊るして部屋にアクセントを。吊るすモノにも高さに違いを付ければ、奥行きが生まれて、部屋に広がりが出ます。

下の空間にも小さなテーブルやスツールの上にグリーンを置き、横に可愛いバスケットを合わせれば、フォーカルポイントの完成です。

壁に向かって置かれがちなデスクをカフェのように窓に向かって配置してみたところ、外を眺めながらの仕事が意外とはかどることに気付きました。自分に合った配置をいろいろ試してみるのも楽しいです。

TOSO のブルーグレーの和紙のプリーツスクリーンは木漏れ日のような光を楽しめます。そこに好きな色や柄の布（ieno textile）を付け足してイメージチェンジ。スクリーンと布でできる陰影が美しい。

布で部屋を区切ってみる

布で区切ることで部屋が明るく軽い印象に

日本の住宅において、部屋を区切るモノ＝扉というイメージがありますが、その選択肢に布を入れてみませんか。リノベーションをした際に付けた扉はサニタリーと寝室に2枚だけ。しっかりと個室として使いたい場所には扉が有効的ですが、閉鎖的で暗く重たい印象になってしまう場合もあるので、扉の数は最低限でいいと私は考えています。

玄関と部屋の間にはあえて扉を付けず設計したのですが、やはり冬場は寒いので、突っ張り棒とクリップを使ってお気に入りの布を吊るしています。適度な厚みがあるので冷気も遮断してくれます。

ドアの付け替えや塗り替えはなかなか難しいですが、布だとカラフルなモノや柄物にも気軽にチャレンジできます。直線的な要素が多い部屋の中に布をプラスすることでやわらかな印象を与え、インテリアのアクセントにもなります。色違いや柄違いなどお気に入りの布を何枚か常備しておくことで、季節や気分に合わせて掛け替えをして模様替えを楽しめます。

愛用しているのは ieno textile の「14-23」という布。全て同じサイズ（140x230cm）で、上の部分を折り返しクリップで留めて使うので大抵の場所にフィットします。賃貸にもおすすめ。

扉枠に突っ張り棒とクリップを使って布を組み合わせました。部屋の中で過ごすときは布を端まで閉めることで目隠しになり、人の気配が気になりにくくなります。ブラックの扉の空間にカラーを足すことで、メリハリが出て明るい印象に。

1枚の布で暮らしに彩りを

布は扉にも壁にもなる万能なアイテム

全ての壁を取り払ってリノベーションした我が家に、扉の付いた個室はひとつだけ。壁のある個室はいらないけど、ときどき広く使っている空間を区切りたい気分になることもあります。そんなときは布を掛けることで、ゆるやかにそれぞれの居場所をつくることができます。

梁や壁にハンギングバーを付けて、布を吊るせば簡単に空間を区切ることができる上に生活感も隠せて、布のやわらかさで部屋の印象もグレードアップ。扉や壁と違って布でつくり出す間仕切りは、光や空気を通すので閉塞感が出ないのも嬉しい。簡単だけど、印象が大きく変わる模様替えです。

広い空間を布の壁で区切った図。梁に付いているハンギングバーに布を吊るしてゆるく区切りたいなら、シースルーの薄い生地だと圧迫感がなくておすすめ。

THEORY
017

フレキシブルファニチャー（万能家具）を使う

どんな場所でもフィットする家具があれば困らない

収納家具を購入するときに気にしてほしいことがあります。それは、使い方や置き場所がひとつだけに限定されないモノを選ぶことです。いろんな使い方ができて置き方も気軽に変えられる万能家具＝フレキシブルファニチャーがあると模様替えをさらに楽しむこともできますし、常にライフスタイルにフィットする暮らしの仕組みをつくることができます。

我が家のシンボル的な収納家具「無印良品 スタッキングシェルフセット・5段×2列・ウォールナット材」は娘の成長とともに、収納するモノや置く場所を何度も変えてきました。幅が200cmと大きめではありますが、自宅の壁や窓の幅に収まること確認してから購入したおかげで、造作家具のようにも見えるほど。

木枠だけのシンプルデザインで奥行き28・5cmとコンパクト。圧迫感はないのに収納力は抜群です。追加パーツを使って収納量を増やすこともできます。全部収納で埋めずに、飾るスペースをつくることでインテリア性が高まります。

DECORATE
droog

子どものおもちゃ収納として。見せたいおもちゃはオープンに飾り、細かいおもちゃは引き出しへ収納。IKEA のレゴ ® 収納ボックス（ビックレク）は無印良品のシェルフとサイズがピッタリ。

自分次第で使い方は無限

タテヨコ使いができる、仕切りとしても使える万能さ

我が家で愛用している2種類のスタッキングシェルフを使って模様替えを実践しました。5段×2列タイプ、ヨコ置きすれば上段を飾りスペースとして活用できて収納量もアップ。タテ置きすると天井近くまでスペースを活用できます。2段ワイドタイプは、本棚として使ったり、グリーン置き場にしたり。同じシェルフでも使い方次第で印象が変わりますし、キッチン、ダイニング、リビング、ワークスペースと置き場も選びません。

同じシリーズのサイズ違いを複数持つことで隣同士で配置してもバラつきが出ないのがポイント。個性的な家具はデザインがバラついてもいいですが、シンプルな家具は同じシリーズでまとめることをおすすめします。

左：ダイニング横に置いてサイドシェルフとして使用。グリーン鑑賞用の棚としても活躍。中央に仕切り板のないワイドタイプなので、雑貨の置き方の幅も広がる。/ 右：王道の使い方はやっぱり本棚。約 160 冊の本や雑誌が並びます。奥行きが違う本を並べる際は、本の背の部分を手前に揃えることでスッキリした印象に。

左：タテ置きで、キッチンとダイニングテーブルの間にキッチンシェルフとして配置。鍋、レシピ本、配膳トレーを置くことで動線がよくなり家事効率もぐんとアップ。/ 右：タテ使いすることで高さが出るので、インテリアとしてのインパクトが出ます。木枠だけのシンプルデザインだから、見通しもよく背が高くても軽やかな印象に。

PART

03

ワンアイテムプラスで模様替えする

アクセントになるようなアイテムを取り入れて
部屋の雰囲気をグレードアップ。

模様替えをして空間にもの足りなさを感じたら、
それはアクセントとなるモノが足りていないのかもしれません。

目を引くアート、デザイン性が高い名作家具、
個性的な照明、カラフルな布など、
まずはアクセントになるアイテムをひとつ置いてみることで、
インテリアが垢抜ける瞬間を感じてもらえると思います。

アートを飾る

子どもが描いた絵やおもちゃも立派なアートに

　アートというと、フレームに入ったポスターや絵画などを思い浮かべる方が多いかもしれません。私も抽象的なデザインのポスターが好きで壁の余白に掛けたり、床に立てかけたりして楽しんでいます。ときどき中の絵やフレームの色を変えたりと、模様替えもしています。

　空間のアクセントの役割にもなるアート、実は日常にもたくさんあります。例えば、子どもが描いたお気に入りの落書きや紙工作もフレームに入れれば、立派なアートに（〈インテリアの基本〉は18～19ページへ）。子どもの絵は個性に溢れていて、色使いも絶妙。唯一無二の作品になります。ほかにもおもちゃや絵本もアートとしてアクセント使いができるモノをチョイス。木製のカラフルなおもちゃは飾っておくことで目を引き、子どもの色彩感覚を育ててくれます。色のトーンを合わせて飾ると、統一感が出るのでゴチャつきません。見せたいおもちゃは積極的に飾ってみて。視界に入る日用品も気を抜かず、色やデザインを意識して選びましょう。

10
15
20

イラストやポストカードもさりげなく飾ることでアートになります。突っ張り家具（DRAW A LINE）のブックラックというパーツを使って本の表紙を見せるのもあり。

アートを飾る場所と置き方

目線の高さを基準に飾る

アートにはいろいろなモノがあると108ページでお話しましたが、では実際にどのアートをどこに飾ればいいのか困ったときは、目線の高さをひとつの目安にしてみるといいです。目線よりも高い場所は平面的に飾るとバランスが取れます。フレームに入った絵、ドライフラワー、洋書も表紙を向けて飾ってみても。

一方で目線より低い場所は、実用性も兼ねるので立体的に飾ることをおすすめします。すぐ手にとって遊べるおもちゃ、可愛いバスケットに入れた掃除道具、洋書を重ねてその上にキャンドルやフレグランスを置くと、さっと使うことができます。

バランスのいい置き方は、三角を意識すること、詳しくはセオリー003でも紹介しています。

壁に掛けるアート

フレームに入った抽象画にドライフラワーを組み合わせて飾ったモノ。左の子ども用の壁掛け時計はグッドデザイン賞受賞の fun pun clock でアート的存在。

カラフルなおもちゃ

子どもも大人も思わず遊びたくなる可愛いおもちゃは、kiko&gg のモノ。木製なので経年変化も楽しめ、子どもが大きくなっても飾っておきたいアイテム。

洋書は重ねて置く

模様替えをするときにアクセントになる洋書は何冊か持っておくと便利。重ねて床に置くだけでも様になります。雑貨を飾る際にはステージの役割も（40 ページ参照）。

個性的な照明を取り入れる

あえてインパクトのある照明を選ぶ

難易度が高いと思われて後回しにされがちな照明。実はインテリアの要になる重要なアイテムなのです。天井のシーリングライトだけで過ごしている方は、ぜひ照明をワンアイテムとして取り入れてみて。びっくりするほど部屋の雰囲気が変わります。

ひとつの空間に複数個の照明を付けることを「一室多灯」といい、シーリングライトだけで部屋全体を照らすのではなく、フロアライトやスポットライトなども使って、壁や天井を照らすことで陰影ができます。またその陰影によって空間に奥行きを感じることができ、部屋が広く見える効果も。

個性的でインパクトのあるデザインの照明を取り入れることで、照明が主役になり、カフェのような雰囲気のある空間に仕上げてくれます。114ページでは、私が選んだ照明の事例をご紹介します。賃貸住宅やライティングレールのない部屋でも、簡易のライティングレールが市販されているので実現可能です（156ページ事務所の事例参照）。ライティングレールを付けずとも、部屋がつまらない、のっぺりすると感じたら照明を追加してみましょう。

ペンダントライト

コードなどで吊るして使うタイプの照明。ダイニングテーブルやキッチンカウンターに付けるとカフェのような雰囲気に。照らす位置がシーリングライトよりも低く、光が届く範囲も狭くなるので、部屋に陰影ができてドラマティックに演出できます。照明が視線の位置にくるので、照明のデザイン自体がインテリアのアクセントにもなります。

シーリングライト

天井にくっつけるタイプの照明で、広範囲を照らすことができます。天井周りに圧迫感が出にくく、スッキリしているので開放感がある印象に。シンプルなモノよりも、存在感がある個性的なデザインのモノを付けることでより雰囲気が変えられます。照らしたい部分によって選び方も変わります。天井・床全体を照らしたいなら、写真上のような照明を、下部だけ照らしたいなら写真下のような傘がついたタイプがおすすめ。

フロアライト

床に置いて使用する照明。ソファーやベッドサイドに置いて部分照明や間接照明として取り入れたいときにおすすめです。海外のホテルのような雰囲気に仕上げてくれるだけでなく、読書灯にしたり、部屋のコーナーに置いて飾った雑貨にスポットを当てたりと使い方はさまざま。就寝前にはシーリングライトを全部消してフロアライトのみで過ごすと、ふんわりとした優しい灯りでリラックスできます。

デスクライト

デスクやシェルフなど卓上に置いて使う照明。天井からだけではなく、低い位置から壁や手元を照らすことで間接照明の役割にもなります。上の写真のようなガラスボールはやわらかい光で周囲を包んでくれるので、高級感がありインテリアのグレードを上げてくれます。下の写真のデスクライトは手元を照らして仕事の効率を上げてくれるだけでなく、デザイン性のある真鍮色を選ぶことで、インテリアを引き締めてくれます。

協賛：ARTWORKSTUDIO

暮らしに合わせた照明計画

シーンによって使い分ける

暮らしに欠かせない照明ですが、シーンによって使い分けることを意識してみましょう。料理をつくるときは手元が明るくなるようなスポットライト、食事をするときはお料理がおいしそうに見える電球色のペンダントライト、勉強や仕事に集中したいときは文字がよく見える蛍光色のライト、読書をするときは手元を明るくするフロアライトをソファーサイドに。就寝前のリラックスタイムは天井照明を落として間接照明だけにしていくなど、1日を通して同じ照明環境にはせず、その目的に合わせて明るさを調整して過ごすことで、暮らしにメリハリを付けることができます。

ARTWORKSTUDIOのシーリングライトと調光可能なフロアライトを置いた寝室。本を読んだり、作業するときはシーリングライトで部屋全体を照らし、就寝前のリラックスモードに入るときにはフロアライトだけに。フロアライトで壁を照らすことで落ち着いた雰囲気になり眠りにつきやすくなります。

突っ張り家具でアクセントを付ける

小さなスペースに収納が生まれるアイテム

ここに収納があればいいのに、フックでモノを掛ける場所がほしいなど、日々暮らす中で、あったら助かるのが、ちょっとした収納スペース。1本のバーでタテに天井と床に突っ張ってパーツを組み合わせることで収納スペースをつくれるDRAW A LINEはオシャレで万能な突っ張り棒家具。大型の収納家具が置けない小さなスペースにも収まりがよく、すっと暮らしに溶け込みます。

収納したいモノが変わったり、家具移動をしても突っ張り棒ならアクセサリーパーツが豊富な上に組み替えも自由自在、設置する場所を移動させるのも簡単。賃貸の方にももってこいのアイテム。マットな質感の素材と真鍮のネジがインテリアにもマッチして、部屋がクールでかっこよくなります。狭い家には特に重宝するアイテムと言えるでしょう。

玄関横にはミラーパーツとテーブルを付けて、アクセサリーやリップを置いて、身だしなみをチェックするコーナーを設けています。アイアン素材でマグネットが付けられるので、アートを飾ることも。

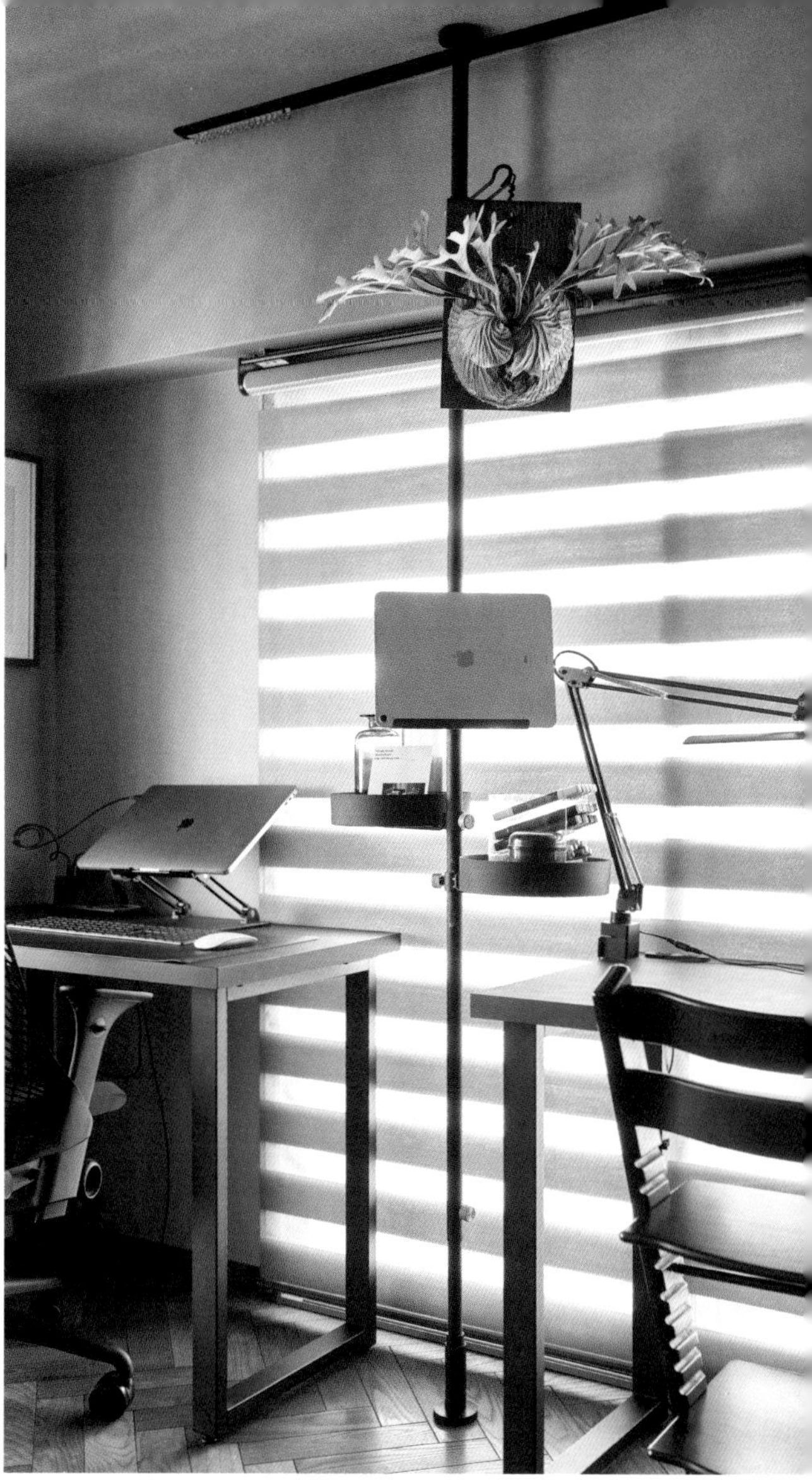

DRAW A LINEは豊富なアクセサリーパーツを組み合わせて、自由な使い方を実現できます。高さを調整できるのも便利。

使い方は無限大

家具横に置いてサブ収納に

デスクの間に設置して、仕事や勉強で使う文房具を置いたり、タブレット置き場をつくることも（右上の写真）。ダイニングテーブルの横では、トレーパーツを使いやすい位置に高さを調整してウェットシートを置くことができます（写真左上）。卓上にモノは置かずにスッキリさせたいときに活躍。ほかにもフックパーツでバッグを掛けたり、植物を吊るすことも可能です。

大きな収納家具を置くには圧迫感が出るからと避けられがちな小さなスペースでも、天井までの空間をフル活用して暮らしに合わせたサブ収納をつくることができます。

121ページのキャスター付きで移動が片手でできるワゴンタイプのMove Rodに、グリーンを置けば、日当たりに合わせて場所を変えられ便利。

布を取り入れて雰囲気を変える

部屋にやわらかさと温かみを加える

セオリー016「布で部屋を区切ってみる」では、間仕切りとしての布の使い方をご紹介しましたが、ここではそれ以外のシーンで布を使ったインテリアのアイデアをご紹介します。

硬い表面や冷たい素材と比べて、布は視覚的にも触覚的にも心地いい温かみを与えてくれるだけでなく、インテリアをアップデートするのにもひと役買ってくれます。季節や気分に合わせてクッションカバーの種類や色を変えることはハードルが低く、初心者でも気軽に模様替えできるのでおすすめです。

布の種類はテーブルクロス、ラグ、クッションカバー、ブランケットなどが思い浮かびますが、小さな布は部屋のアクセントとなり、面積の広い大きな布を使うと部屋の印象をガラリと変えてくれます。

テーブルクロスのブルーの布（123ページ）は、透け感があり爽やかなブルーが部屋全体を涼しげな印象にしてくれます。暖色や厚手の素材に変えると雰囲気がまた変わり、変化が楽しめます。そんな暮らしを彩る布をぜひ取り入れてください。

小さなラグは初心者におすすめ。ネイティブ調の柄も小さなモノだと調整しやすいです。窓際でサイドテーブルやフロアライトと組み合わせて。

小さな場所から布を取り入れる

クッションカバーや小ぶりなラグからチャレンジ

大きなラグを取り入れるのは勇気がいるもの。まずは小さな面積の布から取り入れてみて。手軽なのはクッションカバー。お値段も手頃なモノも多く、デザインのバリエーションも豊富。選ぶ楽しさもあります。収納場所も取らないので、複数枚ストックして季節や気分で交換して模様替えを楽しみましょう。小さめのラグも万能で、玄関マットやキッチンマットとしても使えますし、お気に入りコーナーの床に敷くことで雰囲気が増します。

小さな面積の布だと、思い切った色合わせを楽しむこともできるので、季節で色や素材を変えてみるなど、そのときの気分によって遊んでみましょう。

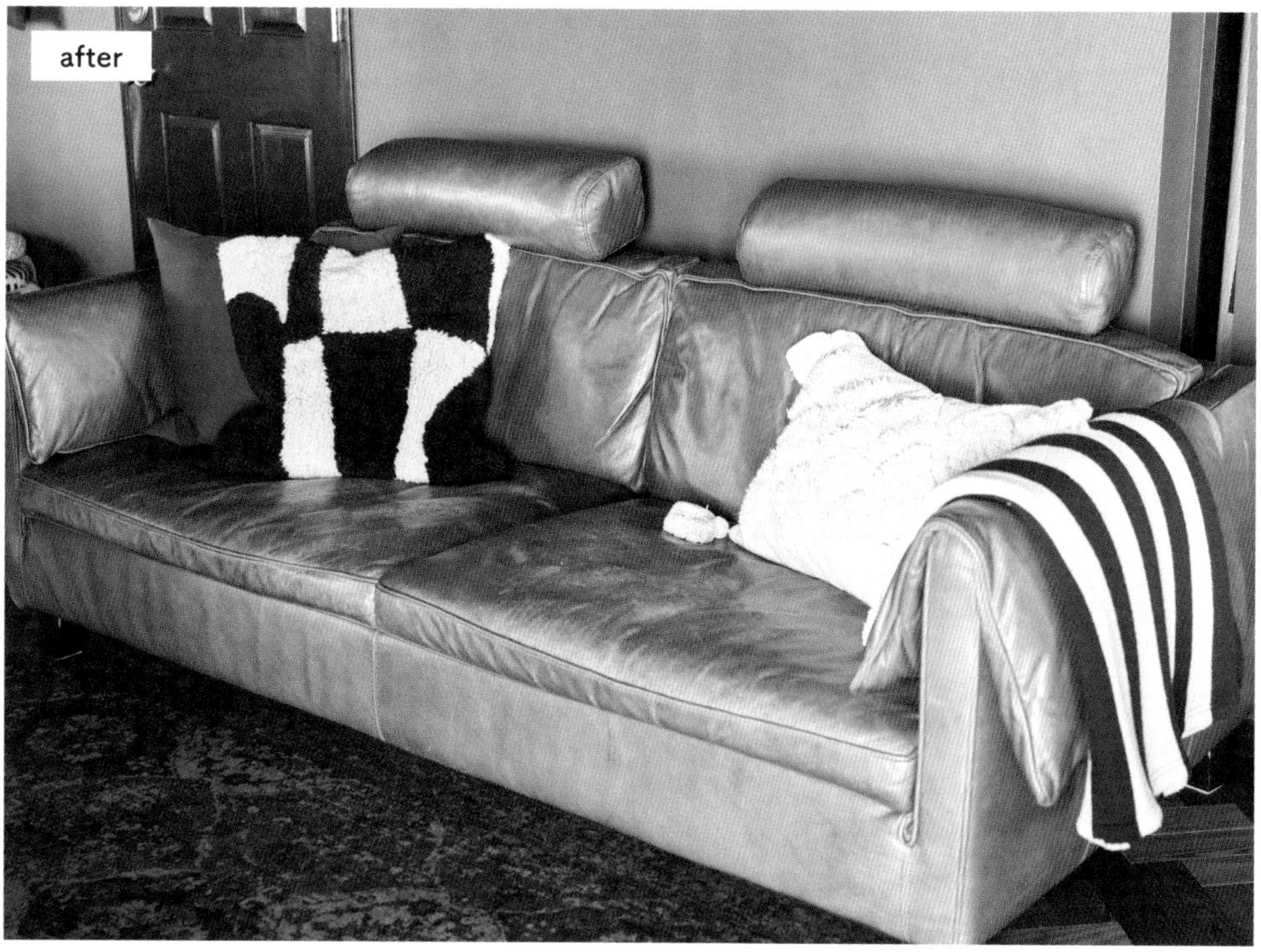

クッションを複数個置くときは、カバーの色味を揃えると統一感が出ます。レザーソファーのキャメルに馴染ませたオレンジ×ホワイトの組み合わせ（上の写真）。モノトーンを組み合わせるとパキッとした印象で変化が感じられます（下の写真）。

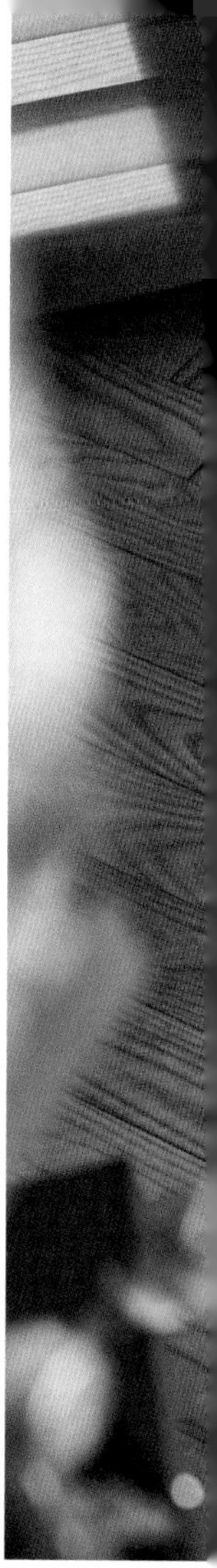

ラグを取り入れるべき理由

敷くだけで そこに居場所が生まれる

ラグを敷いてみたいと憧れるけど一体どれを選べばよいのか迷う、失敗したくないから取り入れるのに勇気がいると思われがちなのですが、インテリアの中で大きく印象を変えることができる頼もしいアイテムでもあります。インテリアショップで手頃な値段で販売されているモノもあるので、まずはソファーの下に敷くラグからチャレンジしてみてください。

サイズの選び方は、ソファーと組み合わせる場合、リビングの広さのどれくらい覆うかを想像してみて、小さいモノよりはソファーの幅より少しだけ大きくてソファーの脚が乗るくらいのサイズがおすすめ。ソファーの前に置くコーヒーテーブルが置ける程度のサイズがベスト。

ラグを敷くことで、リビングの中で「くつろぐスペース」という境界をゆるくつくってくれる役割があり、自然とそこに居場所ができるのです（〈インテリアの基本〉は18～19ページへ）。

色の選び方は、無地よりも柄物が断然おすすめです。シンプルな空間のアクセントになり、リズムが出る上にそのラグの柄の色からインテリアのカラーを拾うことでインテリアの統一感が出ます（18～19ページ参照）。柄に抵抗がある場合は無地っぽく見える2～3色の色味がミックスされたシャギーラグからチャレンジしてみるのも◎。季節ごとに色を変えてみたり、複数組み合わせて敷いたりするのも上級者っぽいアレンジ。冬には羊毛のもこもこのラグを足すと雰囲気が増します。

壁を飾って空間を引き締める

壁を飾りや収納の場所にする

部屋の大部分を占める「壁」。どれだけ素敵な家具や雑貨を置いても、ラグを敷いても、どこかもの足りない場合はぜひ壁に目を向けてみてください。何の変哲もないシンプルで白い壁を味付けをしていくことで部屋がグレードアップします。我が家はリノベーション時に壁紙の色を場所ごとに変えたり、キッチンの壁にはタイルを貼ったりと意匠を施しましたが、それでももの足りなくなる場所もあります。そんなときに役に立つのが「壁付けアイテム」。

もちろんアートやミラーなども壁付けアイテムとして空間のアクセントになりますが、立体的なアイテムはさらに存在感が増すのでチャレンジしてみてください。最近ブームのビカクシダなどのグリーンには「板付」といって、板に苔を付けてそこに植物を着床させているモノも多く売られています。そのような板付植物はひとつ壁に付けるだけで、空間がキリッとかっこよく仕上がります。そのほかに賃貸でも使える壁付け収納アイテムもあるので、設置したい場所や収納したいモノによって使い分けができます。

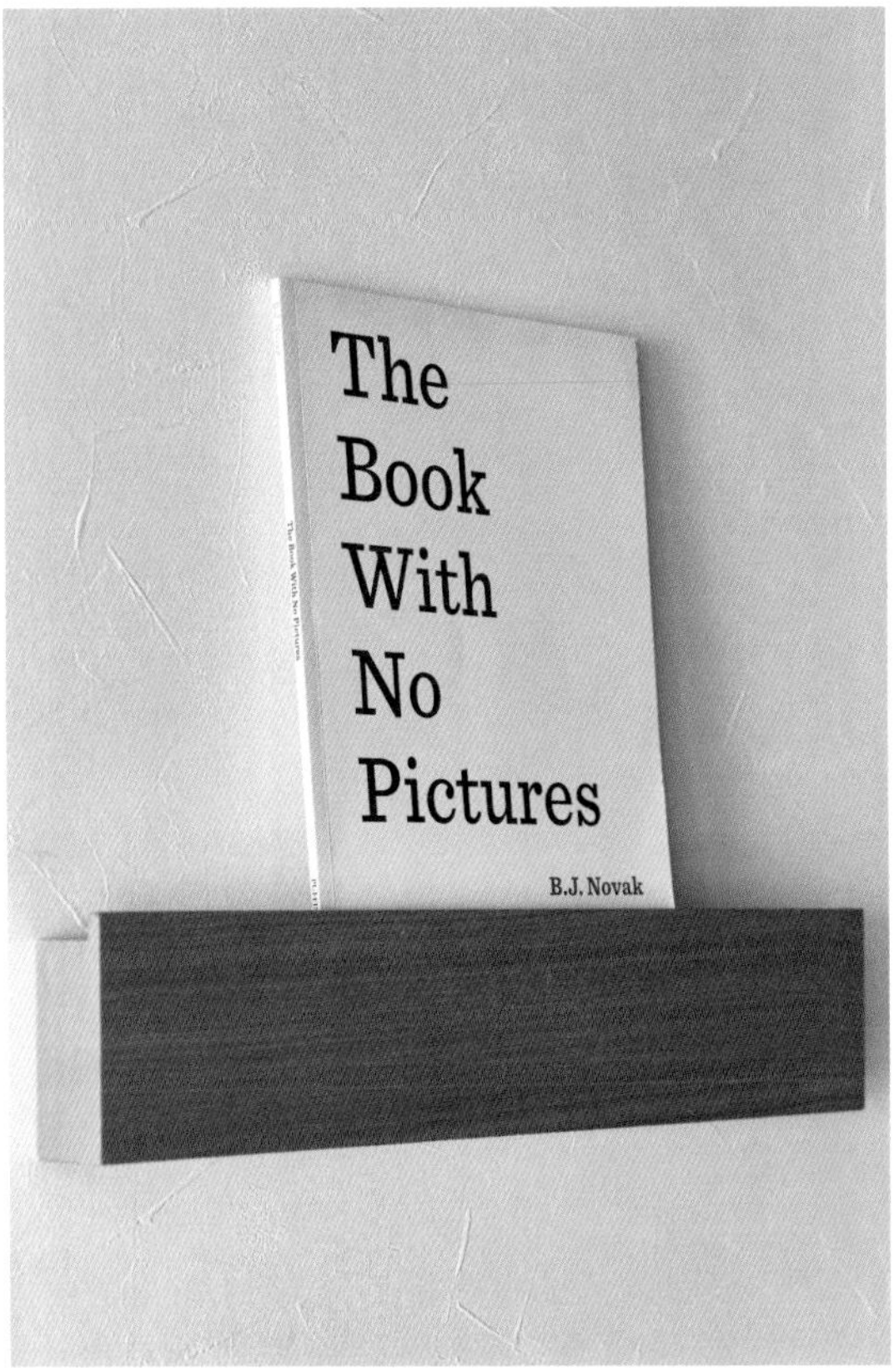

壁を使った収納アイテム

素材は木かアイアンを選ぶと失敗しない

壁を使って取り付ける収納は、最近多く見かけるようになり主流になりつつあります。収納家具を置けない小さなスペースで活躍してくれる上、機能面でも優れているアイテムも多数！インテリアのアクセントにもなります。

アイテムを選ぶときに素材は、安価なプラスチックのモノではなく、木製やアイアンの素材を選ぶことで雰囲気が出ます。設置したい場所の近くに置いてある家具の色に合わせたり、家具の脚やパーツで使われている金属の色味に合わせると失敗しません。素材もできるだけ凸凹感があり、ざらっとした質感を選ぶと風合いが出ます。

我が家では、無印良品の「壁に付けられる家具」のシリーズを多用していて、棚、フック、長押《なげし》を愛用しています。ちょい置き、ちょい掛けなどの様々な場面で重宝しています（上の写真）。

こちらは押しピンのような細いピンを使って付けられるので、壁の下地が入っていなくても設置可能で穴の跡も気になりにくいので賃貸住宅でも取り入れやすく、移動も気軽にできるので模様替えには持ってこいのアイテムです。

リノベーション時に考えて、下地を入れてもらいガッチリとネジ留めをしているアイアンシェルフや木製シェルフ。重いモノを置くことができます。アイアンシェルフはメッシュ（網状）なので壁に付けても圧迫感が出ないデザインがお気に入り。

アクセントカラー、テーマカラーで変化を付ける

部屋ごとにカラーを決めてコーディネイト

インテリアの基本でもあり、部屋の印象を決めるのは「色使い」。難しいと思われがちなのですが、ルールを守ればとても簡単です。セオリー001の「自分の『好き』を知る」のステップで見つけた自分が好きなインテリアの写真の中で共通したカラーを探します。その色を取り入れるのが一番簡単な方法です。気になるカラーは積極的に使ってみましょう。もしも何色も気になるカラーが出てきたら、1色に絞らず、部屋ごとやコーナーごとにカラーを決めてもオッケー（〈インテリアの基本〉は18〜19ページへ）。私も実際にリノベーションのプランをする際に、何色も気になったので、部屋ごと（リビング・サニタリー・寝室）でカラーを使い分けています。

我が家で特に印象的なのは寝室で、テーマカラーを「ブルー」と決めて壁の1面とカーペットをブルーにしました。そこに合わせるクッションやブランケットもブルーをチョイス。ブルーの割合が多めなので、今後はピンクやオレンジをアクセントカラーに加えたいと考え中です。好きなカラーは大胆に大きく取り入れても飽きがきません。

カラー分けしてグループ化する

同じカラーをまとめて置くと統一感が出る

テーマカラーを決めるのが難しい場合は、小さなスペースで考えてみましょう。近くに置くモノのカラーを合わせてみると簡単です。素材が違うモノでもカラーを合わせることでキュッとまとまった印象になります。

我が家では壁際のハンギングバーの近くで使うアクセントカラーにゴールドをチョイス。グリーンを入れるポットやライトの金具をゴールドと決めました。S字フックも真鍮色を使うことで共通点が生まれまとまりが出ます。

ゴールドは高級感やゴージャス感、ホワイトは清潔感、ブラックはクールでかっこいい印象に仕上げてくれたりと、使うカラーによっても印象をガラリと変えることができます。

同じ色の鍋を重ねて置く

出しておいても可愛い鋳物鍋は同じターコイズカラーをチョイス。ふたを裏返して重ねて置くとひとつのオブジェのようにまとまり我が家のキッチンの象徴に。

カラフルでもトーンは合わせる

子どもの色彩能力を養うためにカラフルなおもちゃが多いのですが、同じトーンで合わせて近くに並べることでバラバラした印象になりません。

家電のカラーは同じにする

家電はブラックと決めていて、その近くに並べる収納ボックスもブラックに。同じスペースに同じカラーを並べることで統一感が出て、空間に馴染みます。

名作家具を取り入れる

機能性と美しさを兼ね備えている

名作家具やデザイナーズ家具は、快適性と機能性にも優れています。デザイナーはデザインの美しさだけでなく、使用者の快適さや機能性も考慮して設計しています。そのため、品質もよく長い期間愛用できるのが特徴です。有名デザイナーによって設計されているだけあって、置いているだけで部屋のアクセントに。

一般的な家具と比べて独自性があり、希少価値が高いこともあります。限られた数しか製造されない場合が多く、コレクターの間で高い評価を受けることもあり、所有することで特別な気分も味わえます。

私自身も大学時代に購入してから25年間愛用している椅子（トイチェア）からスタートして、ゆっくり集めていきました。持っている家具全部をデザイナーズ家具にする必要はなく、主役としてひとつ部屋に置くだけで、ほかの家具も自然とグレードアップして見えるから不思議です。また機能性とデザイン性の高い家具に触れていると、その使いやすさを実感するので、家具を購入するときに安価な家具でもしっかり吟味して購入できる能力もつきます。

我が家の名作家具をご紹介

デザイナーズチェアから集めてみる

　ヴィンテージやデザイナーズのダイニングテーブルやチェストなどの大物家具にも憧れますが、手頃に購入できるスツールなどからスタートするのがおすすめです。

　私は椅子が好きなので、学生時代から今にいたるまで少しずつ集めています。ヴィンテージ品や新品にこだわらず、ピンときたら購入していいと思っています。新旧ミックスのインテリアも味わい深いものです。

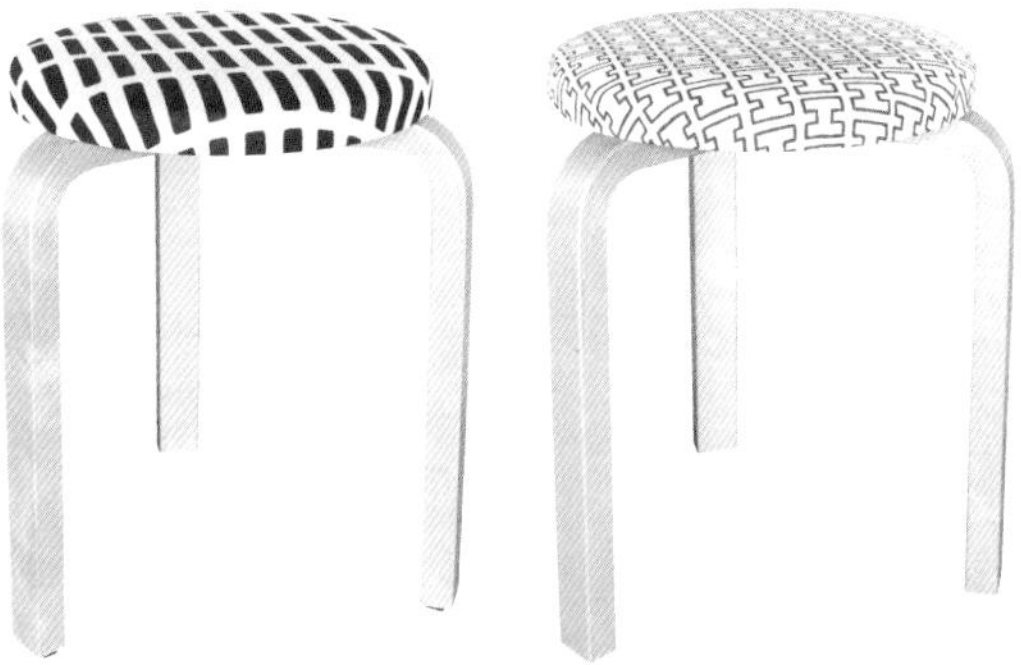

アルテック スツール 60

フィンランドのアルヴァ・アアルトデザインの名作。北欧インテリアに魅了されて購入したスツール。展示会限定品でアルテックのテキスタイルが張られた貴重な逸品。組立式でスタッキングも可能。

ラウカンプー ピルッカチェア

我が家の主役の家具。リノベーションのきっかけにもなったダイニングテーブルとともに購入。フィンランドの家具デザイナー、イルマリ・タピオヴァーラの代表作である1950年代の希少なヴィンテージチェア。

ストッケ トリップトラップ

ノルウェーのベビーブランドの子ども用チェア。娘が赤ちゃんのときに購入し、現在はデスクチェアとして愛用中。座面や足乗せの板の位置を成長に合わせて高さを変えられるので、大人になっても座れる優れモノ。

ドリアデ
トイチェア

フランス出身のデザイナー、フィリップスタルクのチェア。大学時代に初めて購入したデザイナーズチェア。ポリプロピレンの素材で屋内外で使用可能。引っ越しを繰り返した今もずっと愛用しています。

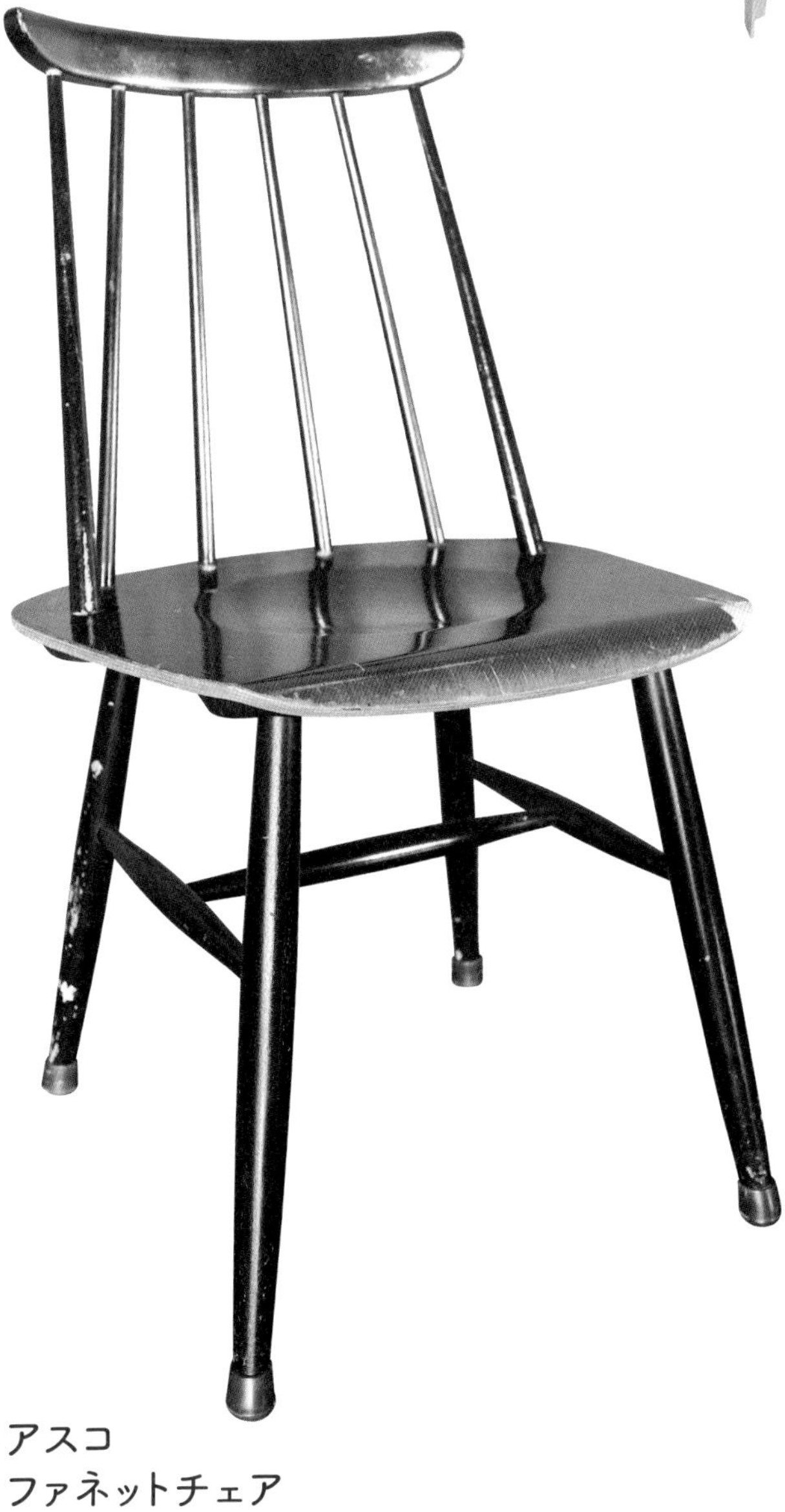

ハーマンミラー
セイルチェア

オフィスチェアながらもデザイン性の高いセイルチェアは、長時間座っていても疲れにくく、インテリアにも馴染みます。コロナ禍でホームオフィスをつくったときに夫婦用に2脚購入。ハーマンミラーの中でも手頃価格なのも嬉しい。

アスコ
ファネットチェア

フィンランドの家具デザイナー、イルマリ・タピオヴァーラの人気作品。こちらも1950年代のヴィンテージ。置いているだけでも絵になる椅子ですが、現在は子どものランドセル置き場に。

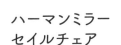

ハンギングバーを付ける

掛ける・吊るす・飾るをこれ1本で

一般的なハンギングバーは室内干し用として洗面脱衣室に付けている印象がありますが、最近はリノベーション住宅などでインテリア用としても見かけるようになりました。我が家は住みはじめて8年目に付け足しリフォームとして、ハンギングバーを3カ所取り入れました。ハンギングバーは服や布を掛けたり、グリーンを吊るしたり、カゴなど雑貨を飾ることもできる万能アイテム。天井や壁に設置して空間を立体的に使えるので、スペースの有効活用にもなります。またブラックのハンギングバーはインテリア性が高くシャープな印象を与え、部屋のアクセントにもなります。

セオリー012でも紹介したハンギンググリーンを窓の近くに吊るすと、窓周りの印象が変わります。殺風景だった窓の近くにバーを設置して、グリーンやカゴ、ライトを飾ることでフォーカルポイントをつくることができ、お気に入りの場所が増えました。実用的にもインテリアとしても活用できるハンギングバーは、家づくりやリノベーション時にプランできるのが理想ですが、下地があれば後付けもできます。

部屋の梁を利用して付けたハンギングバーにリングランナーとクリップを使って布を吊るして間仕切りに。季節ごとに布を変えて模様替えを楽しめて、グリーンを飾ったり、室内干しにも活用できる。

空間を引き締める

同じカラーをまとめて置くと統一感が出る

実用性とインテリア性を兼ね備えたアイアンバーのカラーは、我が家のテーマカラーでもあるブラックを選んでいます。ブラックかつアイアンとなると硬い印象になってしまうと思われがちですが、実は逆で、間延びしている空間に線が引かれることで引き締めてくれる効果があります（〈インテリアの基本〉は18〜19ページへ）。家具の茶色との相性もよく、我が家のようにグレイッシュな壁はもちろん、一般的な白い壁の部屋にもアクセントの役目を果たしてくれます。

服や洗濯物をカーテンレールやドア枠などに掛けるとどうしても生活感が出てしまいますが、ハンギングバーを利用することで、ごちゃごちゃしがちな場所もスタイリッシュな印象にしてくれます。

玄関の壁に付け足した幅 80cm のハンギングバーは、コート類を掛ける場所として活用。この場所を確保することで部屋が散らかりにくくなりました。来客の服を掛けるのにも便利。ハンギングバーは全て TOSO を愛用。

PART 04

模様替え実践

これまでご紹介してきたセオリーを使って、
実際に模様替えした事例をご紹介します。
夫婦2人暮らしの賃貸マンション、
ファミリー4人暮らしの分譲マンション、
事務所として使っている賃貸ワンルームマンション、
3軒それぞれの個性を生かした模様替え。
いますぐ真似できる模様替えアイデアを見つけてください。

before

お悩み①

ダイニングスペース。壁やカーテン、アートもホワイト系が多いので壁に溶け込んでしまっています。部屋干しとして使っているハンガーラック後ろの空間の抜けも目立ち気味。

お悩み②

窓際に置かれたワークスペース。昔から愛用しているという、赤いキャビネットがポイントで気に入っている場所ではあるものの、冬になると窓の近くは寒くなってしまうのがお悩み。

お悩み③

テレビや本棚を置いたリビングスペース。過ごす時間は長いのに、パッとしないのが悩み。テレビの存在感をできるだけ出したくないけれど、どうすればいいのか迷子でした。

広いリビングは間延びしやすい

パッとしない原因を部分的に探る

夫婦2人暮らし1LDK（60㎡）にお住まいの、高野紗椰さんのお宅。好きな雑貨や家具に囲まれて丁寧な暮らしを楽しんでいる高野さん。キッチン周りのインテリアは入居から3年の時間をかけてお気に入りの空間に仕上がってきましたが、リビング側は模様替えを繰り返してもなかなかしっくりくる配置が見つからなかったそう。

透け感のあるやわらかな印象の白いカーテンは部屋を明るく見せてくれる効果もあるのですが、白い面積が広いとどうしても全体的に間延びして見えがち。このように場所ごとにパッ

模様替え実践

2面ある窓の左側のカーテンをイエローとナチュラルに変更（ieno textile）。窓の間にある壁にはラタンミラーを付けてアクセントに。

別々の場所に置かれていた本棚は2台並べて、部屋の左コーナーに配置してフォーカルポイントに。目線の高さにはお気に入りの雑貨や器を飾ってショップのようにします。重たい印象になる本は下段にまとめました。

としない原因を一緒に深掘りしていきました。

リビングに見せ場をつくりたい、カラーの布や照明を上手く使いたいとのご要望もあったので、今回の模様替えでは部屋に入ったとき、目に入る場所を中心にフォーカルポイント（見せ場）をつくっていきました。18.5畳と広いリビング・ダイニングなので、家具や布を使って部屋を区切ったり、こもれる空間が実現しました。

模様替え【実践1】

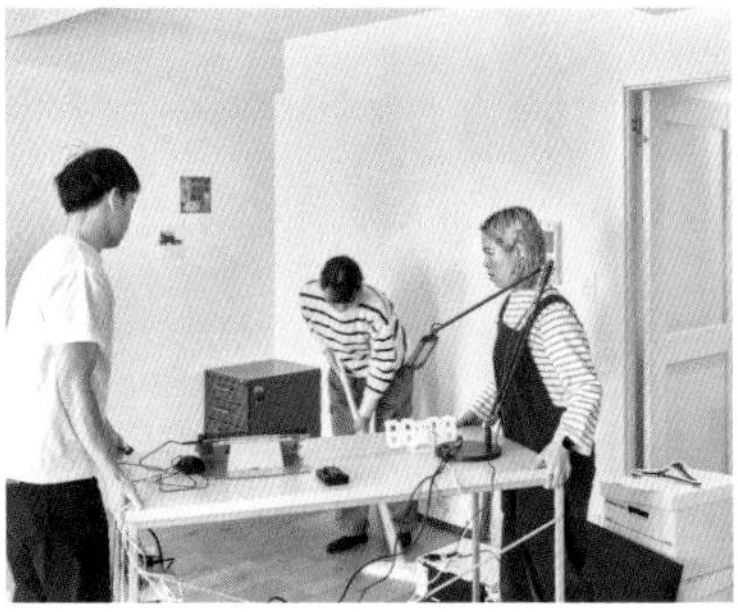

ワークスペースの位置を窓際から部屋の中央に平行移動。天井の梁を利用して布（ieno textile）を垂らしてこもり空間をつくりました。布の色味はキャビネットの赤に合わせてキャロットをチョイス。ハンガーラックを壁際に置いて、上着を掛けられるスペースにしました。デスク後ろの壁にはお気に入りの日めくりカレンダーを飾ってアートの役割に。

リビングのシーリングライトをワークスペースに移動し、個性的なデザインのペンダントライト（IKEA/左の写真）を追加。窓際にはアルテックの名作家具スツール 60 を主役として配置し、上に洋書と間接照明を飾ってコーナー感をつくりました（右の写真）。

ワークスペースとリビングを布で仕切り、テレビとソファーを向かい合わせに配置することでコンパクトながらもゆっくりくつろげるスペースができました。悪目立ちしてしまうテレビの近くにはあえてブラックの雑貨を追加したり、抜け感があるテレビ台の下に可愛いバスケットやグリーンを飾ったりするなど、左右のスペースにもアートや雑貨を飾って見せ場を持ってくることでテレビから目線をそらせる工夫を施しました。

テーマカラーと見せたい場所を決める

際立つように同色の赤の布で赤の印象を強くし、さらに暖色系のイエローとナチュラルを追加して、カラーの面積を広くすることで、単調だったスペースにリズムが生まれました。

広いリビングは区切って居場所をつくる

「この配置はやったことありませんでした！　ダイニング、リビング、ワークスペース、それぞれに居場所ができたのが嬉しいです」と高野さん。

広いリビングは家具や布などを利用して、過ごす場所ごとにスペースを区切ることで間延びしません。部屋の大部分の面積を占める壁とカーテンのホワイトが同化してしまっていた、窓の左側を色味のある布に掛け替えるだけでグッと雰囲気が変わりました。

お気に入りの赤いキャビネットが部屋のテーマカラーと判断し、さらにそのテーマカラーが

高野紗椰さん（Saya Takano）
ライフスタイルアドバイザー
小さな工夫で心地よい空間づくりのアイデアをSNSで発信中。自宅でお茶会やワークショップを開催している。
Instagram @saya_no.ouchi

模様替え【実践2】

グリーンや時計が素敵に飾られた場所。部屋に入って正面に見える場所にあるエアコンが目立ち気味。リビング上のライトはシンプルなシーリングライトでのっぺりした印象。

L字形の大きなソファーは家族のくつろぎスペース。家族みんなで座るのにゆったり座れるサイズではあるけれど、お子さんの成長とともに距離感も気になり、席の取り合いになることも。

壁側にスッキリ収まっているテレビ台は壁の色と馴染んで素敵なのですが、背の高いキャビネットは離して使うこともできるので、今回移動してみることに。大きなグリーンがピアノとテレビ台の真ん中だと少し窮屈そうに見えます。

当たり前になった風景を見直す

毎日暮らしている部屋と向き合ってみる

ご夫婦と2人の娘さん（高校生と中学生）の4人暮らし、分譲マンション3LDK78㎡にお住まいのいっこさん。新築時に入居して15年、13.2畳のリビングダイニングはDIYで壁をベージュに塗り替えたり、グリーンを増やしたりとインテリアを楽しまれています。ダイニングテーブル上のゴールドの照明と壁に付けたフォトフレームがお気に入りコーナー。

大きな家具（テレビボード、ソファー）は、このリビングスペースに合わせて購入したので、配置を変えたことがなかったそう。

お気に入りコーナーがある一方で、部屋に入ってすぐに見える無

模様替え実践

2つに分けられるソファーをあえて離して配置することで、それぞれのソファーに気兼ねなく座れるようになりました。離したことで生まれた角のスペースには、テレビ台横にあった背の高いキャビネットを移動し部屋に入ったときの視線がいく仕組みに。横には大きなグリーンとスツール（IKEA／左上の写真）、上には洋書とテーブルライト（IKEA／左の写真）を飾って演出。

テレビ周りは、黒い要素をプラス。背の高いキャビネットを移動させ、代わりに置いた大きなグリーンは部屋のフォーカルポイントとなりました。お気に入りのジンバブエカゴはテレビ上の壁に飾ることで視線をずらし、テレビ左横にはオシャレ突っ張り家具（DRAW A LINE）を移動させてそこにテーブルライトとスツール（いずれもIKEA）を置くことで、テレビやピアノの黒さをさらに軽減させました（下の写真）。

機質なエアコンやシーリングライトが悪目立ちしてしまい、インテリアが映えないのもお悩みでした。また好きなインテリアのテイストが多いので、それをミックスして素敵に見せたいというご希望もありました。

カーテンは厚手のモノは取り外して薄いレースのみにし、そこへ透け感のある鉱石をデザインした布（ieno textile）を間に差し込んでアクセントに。リビング側のシーリングライトはゴールドの個性的な照明（ARTWORKSTUDIO）に交換し、ダイニング上のペンダントライトのゴールドとつながりを持たせました。

大きなグリーンはシンボルツリーとして部屋のフォーカルポイント（リビング左奥）に、小さなグリーンは棚上などアクセントとなるように効果的に配置しました。そこに小さな照明を付け足すことで、部屋に陰影ができて立体感を感じられる空間に仕上がりました。

after

照明とグリーンを上手に使う

立体感を出すことで部屋にリズムを

いっこさん宅での模様替えは、一度も変えたことがないという家具の配置を変えてみることが大テーマ。ソファーやテレビ台はユニットタイプなので、それぞれを離して使ってみることで新しいスペースを生み出し、のっぺりとしていたスペースにリズムができました。

照明については、もともとダイニング上にはいっこさん宅のテーマカラーでもあるゴールドのペンダントライトが付けられていたので、そのゴールドをベースに新たなシーリングライトやテーブルライトを追加しました。目線や足元の高さにテーブルライト3つを置くことで、シーリングライトを消したときにも雰囲気のある部屋に変身。

お気に入りの雑貨を部屋に入ったときや座ったとき、視線に入る場所へ飾ったり、グリーンも効果的に配置することで、「お気に入りのスポットが増えました」といっこさん。

いっこさん

整理収納アドバイザー
アパレルで長年企画や販売をしていた経験を生かし、クローゼットの整理で家と心と時間に余白と彩りを生み出すアイデアをSNSで発信中
Instagram @ikko_fitlife

DIYで雰囲気を変える方法

壁と床を変えるだけでガラリと変わる

夫が仕事場として使っている賃貸のワンルームマンションは、典型的なシンプルな内装で、味気ない白壁とフローリング、部屋全体を照らすシーリングライトがひとつ付いているだけでした。そんな部屋をアップデートすべく、賃貸でもDIYでできる模様替えの実例をご紹介します。

オシャレでデザイン性の高い家具を置いてもどうもインテリアが決まらないという方におすすめしたいのが、部屋の大きな面積を占める壁紙や床を変えてみること。最近は壁紙の上から貼って剥がせる壁紙も多く市販されていて、気軽に壁紙を変えることができたり、フローリングシートも様々な種類が選べたり、自分好みの内装に仕上げることができるようになりました。

この事務所へ入居した際に、DIYでパーケット柄のフローリングシートを両面テープ（貼って剥がせるタイプ）で貼って敷き詰めていました。そこにグリーンのラグを敷いたり、デザイナーズチェアを置いたりしていましたが、もう少し部屋にアクセントがほしいということで、壁の一面へホテルライクなインテリアになると人気の腰壁・板張り風の壁紙を貼ってみることにしました（完成は157ページにて紹介）。

壁紙屋本舗 水だけで貼って剥がせる壁紙（クワトロ ハッタン スラットウォールパネル 90×90cm）を使用。用意するモノは、水とボウル、カッターナイフ、スムーサー。

入居前の写真。一般的によくある賃貸のワンルーム。白い壁にナチュラルなフローリング、天井にはシーリングライトがひとつ設置されていました。

模様替え実践

不織布素材の壁紙の裏面を内側に折りたたんで水に浸します。

水滴が垂れない程度に水気を切って、糊を馴染ませます。

貼りたい位置に合わせて水だけで貼れるので簡単に貼ることができます。

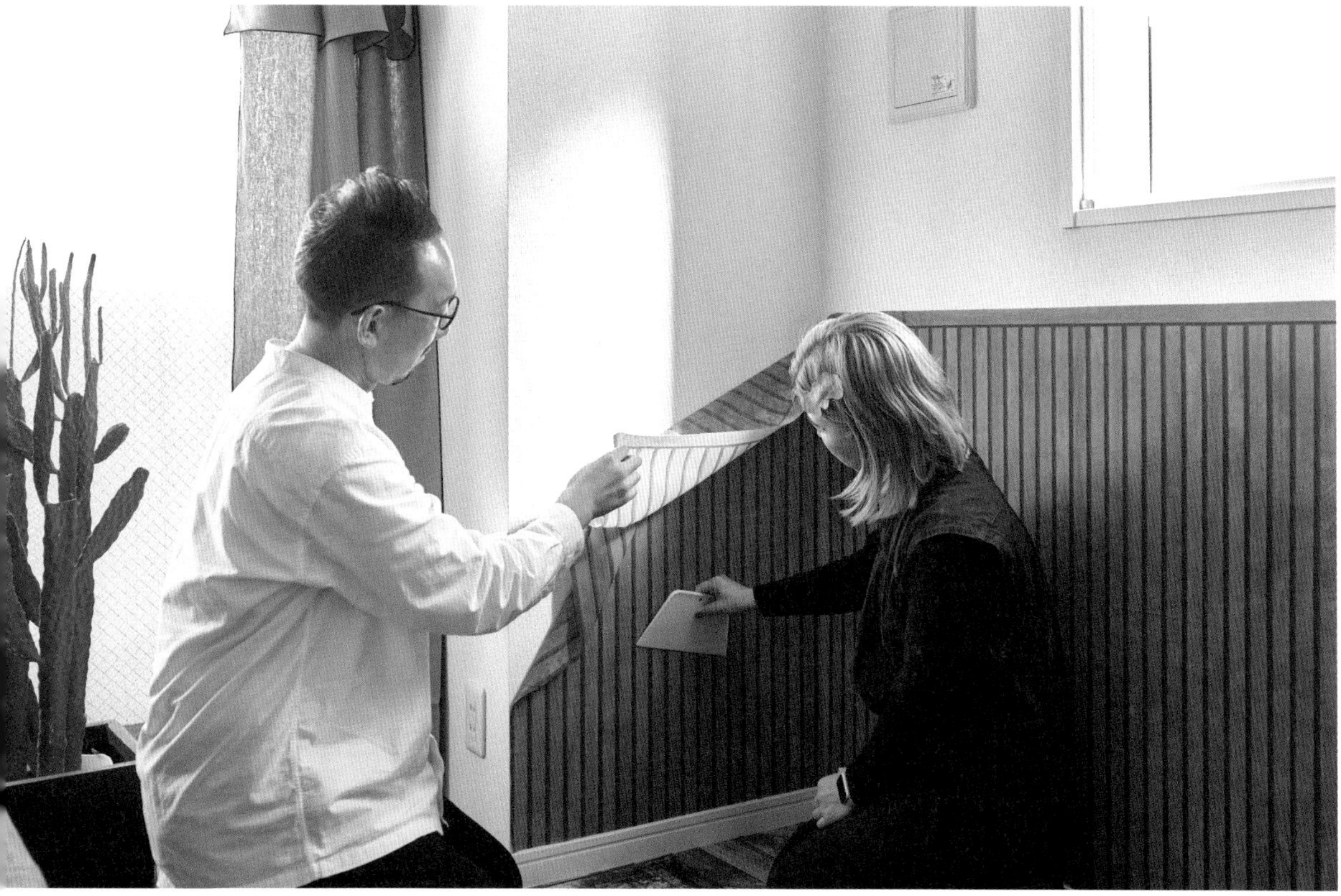

入居当初、床にフロアシートやラグを敷いてはいたが、天井周りがシーリングライトだけだと殺風景で気分が上がらない事務所でした。

フロアシートは壁紙屋本舗 パーケットフロア柄クッションシート。貼りきれていなかった部分を追加。貼って剥がせる両面テープを使っています。

照明と布でグレードアップ

黒とカラーを取り入れて空間を引き締める

シンプルなシーリングライトの光は青白く、部屋全体は明るくなるものの雰囲気を出すのはなかなか難しいとお悩みの方も多いはず。セオリー019で紹介したようにインテリア性を出すには一室多灯にして、部屋に陰影を出すことでメリハリができます。そこで、事務所は賃貸なので、天井に付いている照明取り付け器具（引掛けシーリング）に後付けできるライティングレールを付けました。レールにペンダントライトやスポットライトを付け足したり、オシャレ突っ張り家具（DRAW A LINE）にもライトを付けたりしてデスクライトとしても使っています。

カーテンは当初ベージュの布を掛けていましたが、イエローとミントの布に掛け替えたことで「印象が全然変わったし、落ち着く」と夫も喜んでくれました。家具やライトがブラックなので、そこにカラーを取り入れることで、色味がさらに映える効果もあります。

Naokiさん
英語コーチ
翻訳業界からフリーランスの英語コーチに。「苦手」が「楽しい」になる英語朝活を毎朝開催。SNSで日常生活で使える英会話フレーズを発信中
Instagram
@naoki.english.everyday

システムライトブラック（無印良品）に取り替えて、ペンダントライトを付けたり、スポットライトで壁に掛けたアートを照らして。

カーテンには上部を折り返して窓の高さに合わせて使えるカラフルなマルチクロス（ieno textile）を掛けて、部屋を明るい印象に。

after

おわりに

いかがでしたでしょうか。すぐにでも「模様替え」をしたい気分になっているのではないでしょうか？　まずは自分の「好き」を見つけたり、部屋の写真を撮影してみることからスタートしてみてくださいね。

ここで私の経歴を少しお話しさせてください。大学ではファッションを学び、卒業後は大手アパレルの株式会社ユニクロへ就職。入社後3年間は店舗で店長として勤務、店舗の人材育成や在庫管理などを行っていましたが、一番好きだった業務がなによりも「売場づくり」でした。思い返せば、1人部屋をもらった高校生の頃から部屋の模様替えをするのが大好きで夜な夜なベッドやデスクの配置を変えたり、家具にペンキを塗ったりして自分なりにインテリアを楽しんでいました。そんな趣味が仕事でも売場づくりやディスプレーに興味を持つきっかけになったのかもしれません。

好きが高じて25歳で本社のディスプレーチーム（VMD）に異動、新規店舗のオープンや新業態のディスプレーの業務を任されました。3年後に退社しニューヨークへ単身留学、英語とディスプレーを勉強する1年間。その後ワーキングホリデーにてパリに1年間滞在し、ユニクロオペラ店にて現地採用のディスプレーチームのアシスタントマネージャーとして勤務。この2年間の海外暮らしを経て、ファッションからインテリアに興味を持ちはじめた20代後半。帰国後は株式会社サザビーリーグ エストネーションカンパニーに転職、店内装飾全般を担うVPとして10年間勤務。ラグジュアリーな空間づくりをする中でさらにインテリアへの興味が深まっていきます。

結婚・出産を機に自分の家をいかに暮らしやすく快適にするかを考える機会が多くなり、整理収納の道に進みました。もともとディスプレーの仕事をしていたので、見た目もよく機能的な収納やインテリアが好評で150件以上のお宅でのアドバイスを実施。雑誌などのメディアにも我が家の暮らしぶりを取り上げてもらう機会も増え、1人でも多くの方に模様替えの楽しさを知ってもらい、自分の家を大好きな場所にしてほしいと考えていました。

今回この本を読んで、自分にもできるかもしれない！ 模様替えってすごい！ と感じてもらえ、暮らしを楽しむ方が増えるといいなと心から思っています。なんだかパッとしない、もの足りないと感じる場所から模様替えの可能性を体感してみてほしいです。少しの変化でも、気分はずいぶん変わります。

最後まで読んでくださり、ありがとうございました。

能登屋英里

著者 能登屋 英里

ビジュアルコンサルタント、整理収納アドバイザー。会社員時代、アパレルショップのディスプレーを担当し、ビジュアルのバランス感覚を養う。その後、海外暮らしを経験し、帰国後は結婚や出産を経てライフスタイルが変化。また、自邸のリノベーションを通して、暮らしを見つめ直し、整理収納の道へ。空間をスタイリッシュにディスプレーしながら快適な収納をかなえるオリジナルな提案で、支持を集める。現在は個人宅の整理収納・インテリアアドバイスをはじめ、リノベーションコンサルやメディアへの執筆など、幅広く活動中。夫、小学生の娘との3人暮らし。著書に『築50年52㎡ 物が多いのに片づいて見える家』(KADOKAWA)がある。

Instagram：@eiriyyy_interior
https://eirinotoya.com

読者プレゼント

本書の刊行を記念して、読者プレゼントをご用意しました。以下のURLよりダウンロードしてご覧ください。

https://www.shoeisha.co.jp/book/present/9784798183374

←こちらからもダウンロードできます

インテリアの基本《きほん》がわかる
小さなスペースで楽《たの》しむ模様《もよう》替《が》え
プロが教《おし》えるセオリー&アイデア

2024年5月17日 初版第1刷発行

著　　者　能登屋英里《のとやえいり》
発 行 人　佐々木 幹夫
発 行 所　株式会社 翔泳社（https://www.shoeisha.co.jp）
印刷・製本　中央精版印刷 株式会社

ISBN978-4-7981-8337-4
Printed in Japan

アートディレクション　藤田 康平（Barber）
デザイン　藤田 康平（Barber）＋白井 裕美子
間取りイラスト　古川 唯衣
撮影　木村 文平（文平写真事務所）
編集　竹村 真奈

協力　ARTWORKSTUDIO
ieno textile
TOSO
DRAW A LINE